AF480414

GET REAL

VOOR WIE ELKE DAG ZIJN GOESTING WIL DOEN.

LIEN DE PAU

Copyright

Titel: Get Real. Voor wie elke dag zijn goesting wil doen
Auteur: Lien De Pau
Cover en illustraties: Kathleen Steegmans

Copyright © 2022 door Lien De Pau.
Tweede editie.
Geprint op premium kwaliteit, zuurvrij papier.
www.getrealbylien.com
Aanvragen voor interviews en lezingen: hello@getrealbylien.com

ALLE RECHTEN VOORBEHOUDEN. Niets uit deze uitgave mag worden verveelvoudigd, opgeslagen in een gegevensbestand en/of openbaar gemaakt in enige vorm of op enige wijze hetzij elektronisch, mechanisch of op enige andere manier, zonder voorafgaande schriftelijke toestemming van de auteur.

VOOR IEDEREEN DIE BEREID IS EEN RIJK LEVEN TE LEIDEN.

 WWW.FACEBOOK.COM/LIENDEPAU
FREEDOMPRENEUR

 WWW.GETREALBYLIEN.COM

INHOUDSTAFEL

WIL JE NOG MEER INSPIRATIE?

Als mensen je inspireren om wie ze zijn of om wat ze doen, dan moet je dat niet onder stoelen of banken steken. Daarom dat ik in mijn boek refereer naar enkele personen die mij geïnspireerd hebben om een rijk leven te leiden en mijn dromen waar te maken. Dankzij hen leid ik een leven waarin ik elke dag mijn goesting kan doen.

Dus dank je wel aan elk van hen voor het delen van hun levenswijsheid en ervaringen via hun blogs, hun boeken en hun podcasts.

Tim Ferriss
'The 4-hour Work Week'
ISBN 9780091929114
vertaald als 'Een werkweek van 4 uur'
ISBN 9789022578612

Elle Luna
'The Crossroads of Should and Must'
ISBN 9780761184881
vertaald als 'Op de tweesprong van moeten en willen'
ISBN 9789400507593

Tara Mohr
'Playing Big'
ISBN 9780099591528
vertaald als 'Playing Big voor vrouwen'
ISBN 9789023492641

Stephen Covey
'The 7 Habits of Highly Effective People'
ISBN 9781451639612
vertaald als 'De zeven eigenschappen van effectief leiderschap'
ISBN 9789047054641

Andre Agassi
'Open'
ISBN 9780307388407
vertaald als 'Open'
ISBN 9789022998991

Kelly McGonigal
http://kellymcgonigal.com/

Steve Pavlina
https://www.stevepavlina.com

WELCOME
to
Life
THRILLS
KIES VOOR WAAR
JE HART SNELLER VAN
GAAT KLOPPEN

MIJN VERHAAL EN WAAROM DIT BOEK IETS VOOR JOU IS.

WAARSCHUWING - ALS JE GRAAG MET SPIJT OP JE STERFBED LIGT, STOP DAN NU MET LEZEN.

"HOE THE F*CK slaag jij erin om [elke dag] te kunnen surfen terwijl ik hier als een halve gek om twintig voor twee ['s nachts] zit te typen omdat ik al de hele middag aan je denk, maar nu pas de tijd en (mentale) rust vind om je ook effectief iets te schrijven?!"

Het is maart 2016 en Annelies stuurt me dit bericht. Het zal uiteindelijk de basis vormen van het boek dat je vandaag in je handen hebt. Je zal te weten komen hoe ik erin geslaagd ben om de voorbije 4 jaar te transformeren van slaaf tot surfer. Hoe ik mijn drukke leven ombouwde zodat het mogelijk werd om met de motor naar de langhalsstam in het noorden van Vietnam te rijden, om tussen de haaien van de Galapagoseilanden te duiken en om een trektocht naar 4.700 meter te maken in de bergen van Peru. Hoewel mijn avonturen door meer dan 40 landen het decor vormen van dit boek, ga je geen reisverslag lezen met praktische tips. Maar als je op zoek bent naar de onmisbare sleutels om zonder spijt op je sterfbed te eindigen, lees dan vooral verder.

ALTIJD MAAR DOEN WAT VAN JOU VERWACHT WORDT, IS HET SNELSTE PAD RICHTING 'BESTEMMING VERVELEND'. DOODVERVELEND.

De meeste mensen - jij allicht ook, want je leest dit boek - beseffen op een zeker moment in hun leven dat het pad dat voor hen werd uitgestippeld niet het pad is dat hen het gelukkigst maakt. Helaas zijn er maar weinigen die erin slagen een alternatief pad te verzinnen en

te bewandelen. De vraag "Wat wil ik echt met mijn leven aanvangen?" is makkelijk te stellen, maar verschrikkelijk moeilijk te beantwoorden.

Tot 2011 deed ik wat van mij verwacht werd en was daar niet echt gelukkig van geworden. Nochtans liep mijn leven prima en was er niks echt mis mee. Net dat was er mis... Ik speelde nogal doelloos op safe. Dat voelde als jeuk hebben op een plek waar je net niet bij kan: vervelend, maar niet meteen een reden om jezelf van een brug te gooien. Tot totaal onverwacht mijn wereld in elkaar stuikt en ik plots wel een reden heb om van een brug te springen. Terwijl ik probeer mezelf te overtuigen dat niet te doen, wordt snel duidelijk dat ik bitter weinig heb om mij aan vast te klampen. Geen ruggengraat, geen innerlijk kompas, geen fundament. Ik sta te balanceren op de rand, mijn gewicht gevaarlijk overhellend richting afgrond met geen bungeekoord te bespeuren. Daar op de rand krijg ik de rekening gepresenteerd voor het jarenlang doen wat van mij verwacht werd zonder daar ooit bij stil te staan.

MAAK HET NIET ERGER DAN HET AL IS. STOP ONMIDDELLIJK MET DOELLOOS DOOR JE LEVEN TE RENNEN.

In de eerste twee delen van dit boek lees je mijn stuntelige pogingen om te weten te komen wat ik nu graag wil in mijn leven. Want ondanks al de zelfhulpboeken die ik door de jaren heen in mijn kast had verzameld, bleek het pad met al die goedbedoelde adviezen niet over rozen te gaan. Het mijne liep over een wit zandstrand in Kenia en de koele tegels van een Hindoetempel in Maleisië. Je hoeft niet hetzelfde pad te bewandelen, hoewel je dat absoluut kan doen als je daar zin in hebt. Blijf gerust met dit boek in je zetel liggen en kom van daaruit te weten hoe je kan stoppen met wat doelloos rond te wandelen door je eigen leven.

Ik denk namelijk dat mijn zoektocht ook jou kan helpen om te weten te komen wat je nu echt wil...

Gek genoeg heb ik nog nooit iemand horen zeggen dat het zijn of haar droom is om van maandag tot vrijdag om 7 uur op te staan, naar het werk te rijden, daar druk te doen alsof je met iets zinnigs bezig bent, om dan rond 5 of 6 of 7 uur door de file naar huis te rijden en uitgeput in de zetel neer te ploffen, dromend van het volgende weekend, dat ondertussen ook alweer volgepropt staat met verplichte ontspanning. Waarom doen we dit dan met z'n allen?

Misschien wil je veel liever een geïsoleerd schrijver zijn, ergens verstopt in een berghut, jaren zwoegend aan dat ene fantastische meesterwerk. Of misschien wil je wel elke dag op je slippers naar je hangmat lopen, om van daaruit naar de oceaan te kijken, slurpend aan een exotische cocktail. Misschien wil je al je energie wijden aan het ondersteunen van alleenstaande moeders. Of misschien wil je, net zoals ik, elke dag opstaan zonder wekker en doen wat je die dag het liefste wil doen.

In de eerste twee delen van Get Real vertel ik je welke aanpak, van de tientallen die ik heb uitgeprobeerd, uiteindelijk gewerkt heeft om te weten te komen wat ik echt het allerliefste wou doen met mijn leven. En dat bleek toch heel wat anders te zijn dan wat je als 'normaal' kan beschouwen.

KIES VOOR JE EIGEN PAD EN VERWACHT JE AAN VEEL COMMENTAAR. VOORAL VAN JEZELF.

"Dat kan niet!" Pas wanneer je je realiseert dat de richting die je uit wil niet langer dat uitgestippelde pad is, begin je te beseffen hoe sterk de krachten zijn die je op dat pad houden. Verwacht je aan veel commen-

taar. Vooral vanuit je eigen hoofd. Refreintjes zoals 'Iedereen moet nu eenmaal werken', 'Wie ben ik om zoiets te doen', 'Als je leuke dingen wil doen en kopen, moet je nu eenmaal hard werken' of 'Je moet soms dingen tegen je zin doen, dat hoort bij het leven' zullen in een oneindige lus door je hoofd malen. Het zijn hardnekkige overtuigingen, met de beste intenties aangeleerd door onze familie en onze vrienden, de cultuur waarin we opgroeien en de maatschappij waarin we leven. "Doe maar gewoon zoals iedereen doet, dat is al gek genoeg". Die refreintjes houden je elke dag opnieuw tegen en hebben als doel jou en miljoenen anderen op het pad vol conformiteit en 'doe maar gewoon' te houden.

'DOE MAAR GEWOON' IS TOCH ZO VERLEIDELIJK.

Ondanks het feit dat onze westerse maatschappij ons steeds meer vrijheid geeft, moet je vandaag nog altijd uitleggen waarom je niet doet wat iedereen doet. Als vrouw moet je je nog altijd verdedigen als je geen kinderen wil. Als man moet je dan weer verklaren waarom je ervoor kiest om thuis te blijven om het huishouden te doen. Je moet nog altijd een verdomd goeie reden hebben waarom je die goedbetaalde job-met-zekerheden opgeeft om je eigen zaak uit de grond te stampen.

"Doe toch gewoon zoals iedereen!" Een job om dat huisje, tuintje, boompje af te betalen en een partner om een kindje (of twee) mee te krijgen. Dat is de droom en die kan jij ook maar beter willen.

Ik ben gestopt met te doen wat iedereen doet.

Niet omdat ik zo nodig tegendraads wil zijn, maar simpelweg omdat ik de laatste jaren steeds meer trouw aan mezelf en mijn eigen unieke pad ben geworden. De realiteit is dat die trouw behoorlijk wat moed en wilskracht vraagt. Verwacht je dus aan een hobbelig parcours vol obstakels wanneer je voor jouw pad gaat kiezen. Hoe ik die zogenaamde risico's heb genomen, hoe ik mij over de angst heb gezet die daarmee gepaard gaat en hoe ik ben omgegaan met die momenten waarop ik zo hard aan mezelf twijfelde dat ik het liefst van al gewoon weer wou doen wat iedereen deed, dat vertel ik je heel eerlijk in het vierde deel van dit boek. Het feit dat mijn nieuwe leven een fantastische rollercoaster bleek te zijn vol avontuur, voldoening en een gevoel van geluk dat ik nog nooit eerder ervaren heb, hielp uiteraard wel. In dit boek ga ik je tonen waar ik de moed (in mijn geval totaal overschat) en de wilskracht (dat bestaat niet, zo blijkt) vandaan heb gehaald (of net niet?) om te ontsnappen aan de aantrekkingskracht van 'doe maar gewoon'. En als het mij lukt, waarom zou het jou dan niet lukken?

VOLG JE EIGEN PAD EN KRIJG ZO EEN EXCLUSIEF TOEGANGSTICKET TOT HET LEUKSTE PRETPARK TER WERELD IN HANDEN.

Gefeliciteerd! En welkom! Van zodra je ontdekt hebt wat je echt met je leven wil aanvangen en je de wilskracht hebt gevonden om jouw unieke pad te blijven bewandelen, is je beloning een toegangsticket tot de speeltuin van het leven. En nu begint de pret pas echt! Toen ik op dit

punt kwam in mijn leven en mijn persoonlijke ontwikkeling, voelde dat aan als Mario die eindelijk naar een hoger level was geraakt in Super Mario Land.

In die nieuwe fase heb ik voor mijzelf ongelofelijke dingen kunnen doen, waarvan ik nooit eerder zelfs maar durfde dromen... Ik heb 2 jaar in Azië rondgereisd met een rugzak van amper 10 kilo. Ik heb geleerd om te scubaduiken, met de motor te rijden en op een surfplank te blijven staan. Ik heb eindelijk Spaans geleerd, iets waar ik al 15 jaar van droomde, dankzij een trip door Zuid-Amerika.

Maar naast al die persoonlijke realisaties die helemaal rondom 'me, myself and I' draaiden, ben ik ook langzaam maar zeker dingen gaan creëren die waardevol zijn voor andere mensen. Zeker Van Haar Zaak, het netwerk dat ik lanceerde voor vrouwelijke ondernemers die ook hun dromen proberen waar te maken, is daar het meest recente resultaat van.

Het goeie nieuws is dat ook jij een toegangsticketje hebt tot dit pretpark!

Wanneer je weet wat je echt wil en wanneer je de wilskracht hebt gevonden om je eigen unieke pad te bewandelen, dan kan je echt jouw voetafdruk achterlaten. Dan kan je ontzettend veel betekenen voor jezelf, voor je familie, voor je kinderen, voor de maatschappij waarin je leeft en voor de wereld. Dan gebruik je pas het echte potentieel dat in jezelf zit. Dan kan je jezelf overstijgen op manieren die je allicht nooit voor mogelijk hield.

TWIJFELAARS EN SCEPTICI, DIT IS VOOR JULLIE...

WAT JE VOORAFGAAND MOET WETEN.

Je herkent het wel, die vraag die je ALTIJD krijgt wanneer je iemand nieuw ontmoet. 'En, wat doe jij?' De verwachting is dat je antwoordt met welke job je hebt. Ik heb het altijd gek gevonden dat je bestaansreden als persoon vernauwd wordt tot de dingen die je doet om je geld te verdienen.

Wanneer ik iemand nieuw ontmoet (en dat gebeurt bij mij als voltijdse nomade en wereldburger aan de lopende band) dan antwoord ik altijd 'mijn goesting'.

Het blijft dan meestal enkele seconden stil en ik zie de kortsluitingen knetteren. Want 'dat kan natuurlijk helemaal niet'. Dus moet ik uitleggen hoe dat precies in zijn werk gaat, elke dag je goesting doen. Hoe ik zocht naar wat dat voor mij betekende en hoe ik daar dan mijn leven rond heb proberen te bouwen.

Vaak komt er dan een spervuur aan vragen op mij af. Want de meeste mensen willen natuurlijk weten of zij dat ook zouden kunnen. Soms zijn mensen ook op zoek naar de bevestiging waarom zij dat vooral niet zouden kunnen.

Is elke dag je goesting doen iets voor jou? Allicht wel.

Dus hieronder vind je alvast een overzichtje van allerlei twijfels en angsten vermomd als vragen die mensen hebben vooraleer ze effectief hun goesting gaan doen:

Moet ik rijk zijn om voor mijn unieke pad te gaan?

Nee. Ik kom niet van 'ne rijken thuis' en ik heb heel mijn tienerleven vakantie- en weekendjobs gedaan. Ik ben geen Oom Dagobert en jij hoeft dat ook niet te zijn.

Moet ik mijn ontslag indienen om elke dag mijn goesting te kunnen doen?

Niet per se, nee. Afhankelijk van waar jouw comfortzone ligt, kan je verschillende stappen zetten richting een leven vol goesting. Van 'hoe kan je meer tijd creëren voor jezelf' tot 'hoe een bedrijf op te bouwen dat vanzelf draait', het staat in dit boek.

Moet ik nu ook beginnen reizen? Ik wil gewoon meer vrijheid hebben.

Tuurlijk niet. Jij hebt je eigen persoonlijke goestingskes en ik de mijne. Reizen is voor mij een belangrijk deel van een leven vol goesting leiden, maar dat hoeft voor jou niet zo te zijn. Doe vooral je eigen goesting!

Moet ik een risico-nemer zijn?

Nee. Dit boek geeft tips voor wie amper risico's durft te nemen maar ook voor wie morgen al zijn bruggen wil opblazen, luidkeels f*ck you roepend. En voor iedereen daartussenin.

Is dit iets voor twintigers zonder veel verantwoordelijkheden?

Nee. Dit boek is voor iedereen die het beu is om op het uitgestippel-de pad te wandelen. Ik was trouwens een dertiger toen ik volop mijn goesting ging doen.

Wanneer ga je stoppen met reizen en je settelen?

Als ik het beu ben en wanneer ik er zin in heb. Wat betekent settelen eigenlijk? Is daar een definitie van en wat is die dan? Een huis, met een tuin, een vaste relatie, een vaste job? Dan antwoord ik: heb ik al eens gedaan in mijn leven, was super, en nu is het tijd voor iets anders. Settelen is niet het beloofde land. Tenzij je settelt in het beloofde land natuurlijk...

Wat jij doet, kan je toch niet doen met kinderen?

Als je met deze vraag bedoelt dat je kinderen niet overal rond de aard-bol kan meenemen, dan raad ik je aan even te googlen naar 'how to

travel long term with kids' of 'nomadic families'. Als je met de vraag bedoelt dat JIJ dat niet zou kunnen doen met JOUW kinderen, dan is dat volledig jouw keuze. Als je met deze vraag bedoelt dat mijn leven eentje van onverantwoordelijkheid is, dan antwoord ik dat er niets zoveel verantwoordelijkheid vraagt als de ultieme vrijheid.

Ik zou dat ook wel willen wat jij doet, maar ik kan toch niet alles wat ik opgebouwd heb zomaar weggooien?

monkellachje. Nee, dat zou ik ook niet doen. Maar het is niet omdat je een nieuw pad inslaat, dat je zomaar 'alles weggooit'. Dat lijkt nogal op catastrofedenken, waar ik het over heb in het derde deel van dit boek.

Hoe kan ik met minder geld comfortabel leven?

Lees het hoofdstuk over Noodzakelijk Geld en Leuk Geld in dit boek.

Moet ik een universiteitsdiploma hebben of een bolleboos zijn?

Nee. De universiteit is niet bedoeld om jou te leren hoe je je goesting kan doen, integendeel.

Word je dat nooit beu dat reizen?

Word je het ooit beu om je goesting te doen?

MIJN GROOTSTE ANGST TOEN IK GET REAL SCHREEF.

"Annelies, ik vind mijn eigen boek opeens heel saai. Is dat normaal?"

Het is dinsdag 29 maart 2016. Ik zit ineengedoken in mijn schrijvershol in Fuerteventura. Het uitzicht is ronduit fantastisch: een roodgekleurde vulkaan, een gevaarlijk in de wind zwiepende cactus, een gebergte en enkele wuivende palmbomen. Het was een fantastische keuze toen ik enkele maanden geleden besloot om naar hier te komen. De vulkanische Canarische Eilanden vormen een bom aan energie, die mij weliswaar bij momenten naar adem doet happen, maar elke dag opnieuw een bron van inspiratie is. Er zijn dagen dat ik denk dat ik het beste boek ooit schrijf. En dan zijn er dagen, en die zijn in de meerderheid, dat ik het hele zootje zo ver mogelijk door het raam wil kegelen. Volgens Annelies is dat volstrekt normaal. Ze gebruikt het woord 'volstrekt' en dat doet me nog meer panikeren. Ik gebruik eerder het voorspelbare en saaie 'doodnormaal'. Volstrekt komt als woord niet in mij op. Ik ben geen auteur. Ik kan niet schrijven. Ik weet niet hoe ik moet schrijven. En zeg nu zelf, welke auteur vindt zijn of haar eigen boek saai?

In een poging mij terug op de rails te krijgen, vraagt Annelies me waarom ik dit boek schrijf. Ergens op het vliegtuig tussen Berlijn en Tenerife ben ik het vergeten, zo lijkt het wel. Via Messenger schrijft ze me wat zij als lezer van mij wil weten: "HOE THE F*CK slaag jij erin om te kunnen surfen terwijl ik hier als een gek 's nachts zit te typen omdat ik nu pas de tijd vind om je te schrijven." Ze laat er nog een smiley op volgen. Dan volgt mijn smiley. Ik weet dat ze gelijk heeft.

Maar de realiteit is dat ik gewoon bang ben om te eindigen met een boek dat een halfslachtige kopie is van 'The Four Hour Work Week' van Timothy Ferriss. Dat boek zette vijf jaar eerder mijn wereld op zijn

kop en heeft er mee toe geleid dat ik hier in Fuerteventura ben neer-gestreken en niet in een duf kantoor met tapis-plain en gore koffie ergens in een provinciestad. Dat boek heeft ervoor gezorgd dat ik niet (meer) zoals Annelies als een halve gek midden in de nacht nog be-richtjes lig te beantwoorden. Mijn leven bestaat vandaag uit LEVEN en niet langer uit GELEEFD WORDEN.

Maar dan besef ik dat ik nooit een boek kan schrijven zoals Tim Fer-riss dat doet. Ik ben geen alfamannetje, geen Silicon Valley wizzkid, geen miljonair en geen neuroot. Ik ben gewoon een normale Belgi-sche vrouw van in de dertig met een apart leven. Elke morgen sta ik op zonder wekker, met maar één gedachte in mijn hoofd: 'Wat zou ik vandaag het allerliefste doen?' Dat doe ik nu al sinds 2012. Ik woon overal en nergens en leid een nomadisch bestaan dat mij ondertussen in meer dan 40 landen bracht. Omdat ik jammer genoeg geen miljonair ben, geen sugar daddy heb en ook nog nooit iets geërfd heb, ben ik mijn eigen baas geworden. Ik heb ontdekt hoe geweldig het voelt om niet langer voor het leven te kiezen waarvan anderen vinden dat ik het moet leiden.

Ik heb gekozen voor de weg die ik ECHT wil bewandelen tijdens dit leven. Allicht wil Annelies (en jij ook) weten HOE THE F*CK ik dat voor mekaar heb gekregen. Dus daarover gaat dit boek.

DEEL 1

DOEN WAT
VERWACHT WORDT,
IS LEKKER COMFORTABEL.

TOT DE WEKKER
LUIDKEELS AFGAAT
EN JE GEEN IDEE HEBT
WAT ONDER OF BOVEN IS.

MIJN LEVEN ZOALS HET IS: HELEMAAL VOLGENS HET BOEKJE EN DODELIJK PERFECT.

Juli 2010, de voorlaatste dag van de Gentse Feesten. Ergens in de namiddag kruip ik uit bed en strompel naar de badkamer. In de spiegel stel ik vast dat negen dagen Vlasmarkt hun tol hebben geëist. Vanaf morgen is de feestroes definitief voorbij en begint opnieuw de eindeloze stroom aan vergaderingen en e-mails. De koffies zullen niet langer Iers blijken. Maar vandaag ligt mijn focus alsnog op het inspecteren van de donkere kringen rond mijn ogen. Ik buig richting spiegel en kan plots mijn nek niet meer bewegen. De pijn maakt mij zo misselijk dat ik niet goed weet wat te doen. Zestien uur later rijdt mijn lief mij naar de spoeddienst. De diagnose? Een verschoven nekwervel. Ik word naar huis gestuurd met een verband rond mijn nek, meerdere doosjes spierontspanners en het advies om naar een specialist te gaan. "Een klassiek geval van stress", zegt die. "Stress die zich vastzet op de wervelkolom en zich vooral op de vierde nekwervel manifesteert". De chiropractor wringt mij in allerlei posities en kraakt waar het deugd doet. Ik keer opgelucht naar huis, blij als een kind dat ik terug kan bewegen. Wat ik dan niet weet, is dat ik de maand erna terug bij hem zal staan. En de daaropvolgende twee jaren. Telkens lapt hij mij op en herhaalt steeds dezelfde mantra: "Je moet zorgen dat je minder stress hebt, dat je minder hooi op je vork neemt." Ik knik van ja. Het gaat mijn ene oor in en mijn andere oor uit. Hij weet dat ik niet luister. Met duizenden patiënten net zoals ik, heeft hij het allemaal al eens gezien. Maar nog liever spendeer ik mijn zuurverdiende geld aan chiropraxie, dan dat ik mijn levensritme aanpas. Ik heb immers een doel voor ogen...

De wereld rondzeilen. Of een partijtje golf spelen, ergens waar de zon altijd schijnt. Elke dag ons goesting doen en van het leven genieten. Niet op ons vijfenzestigste, maar als het even kon nog voor ons vijftigste. Mijn leven heeft een duidelijk doel en wachten met genieten tot de wettelijke pensioenleeftijd maakt daar geen deel van uit. Ik verdien geld en ben ambitieus genoeg om te kunnen dromen van een heel vervroegd pensioen. Gewoon nog een vijftiental jaar keihard werken, om daarna volop te genieten van alle goeie dingen in het leven. Als ik daarvoor mijn gezondheid op het spel moet zetten de komende vijftien jaren dan doe ik dat met plezier. Wat is immers vijftien jaar?

Zelfs al zou ik het willen, ik zou niet eens weten hoe ik de stress in mijn leven kan minderen. Het gaat mij op dat moment voor de wind. Ik ben 'goed bezig', zoals dat dan heet. Mijn bedrijf Morpheus, hoewel nog maar net gestart, loopt lekker. Ik draai 200K euro omzet in mijn eerste boekjaar. Er komt een kantoor, een werknemer, freelancers, een pensioenplan, een mooie auto en applaus vanuit ondernemersnetwerken. Ik werk mij te pletter en de mooie beloningen zorgen alleen maar voor nog meer ambitie. Ik zit op een trein en die dendert steeds harder voort. Voor het eerst in mijn carrière verdien ik waar ik altijd al recht op heb zo lijkt het wel. En voor het eerst in mijn leven kom ik op een punt dat alles is zoals ik er altijd al van gedroomd had. Ik ben samen met de man met wie ik oud wil worden, ga jaarlijks op comfortabele all-inclusive vakanties en tijdens het winkelen wordt de kredietkaart bovengehaald zonder me zorgen te maken of er genoeg geld op de rekening staat. Ik heb een prachtig appartement, helemaal naar mijn zin, waar fijne vrienden langskomen voor tapasavondjes met veel wijn. We spelen partijtjes tennis tijdens de week en we dansen de nacht weg tijdens het weekend. Work hard, play hard. Dat is mijn leven geworden en de toekomst lacht mij breed toe. Het is de max.

> **66** *Life is what happens when you are busy making other plans.* **99**
> John Lennon

Tot die bewuste dag in 2011. De dag dat mijn dromen in mijn gezicht uiteenspatten. Een zondag in augustus. Hij vertrekt. De man met wie ik oud wil worden. Hij vertrekt, want het lukt niet meer. Hij vertrekt, want hij heeft lang genoeg geprobeerd. Ik vraag hem onbegrijpend wat hij precies 'geprobeerd heeft'? "Onze relatie te laten werken", zegt hij. Ik begrijp niet wat hij bedoelt. Hij zegt niets meer. Ik leg mijn hand op zijn arm, maar hij duwt die weg. Het is gedaan. Zijn tas is gepakt en staat al klaar aan de deur. Ik blijf die dag in shock achter. Ik blijf de week erna in shock, de maand erna, de rest van het jaar. Mijn fundamenten zijn van onder mijn voeten gemaaid en ik heb niet het minste idee hoe ik mijn leven terug bij elkaar moet rapen. Was ik zo gefocust geweest op onze toekomst, dat ik niet in de gaten had wat een ramp het heden was? Was ik zo opgeslorpt door mijn carrière en dat verdomde vervroegd pensioen dat ik niet zag wat er zich voor mijn ogen afspeelde?

Een maand later vertrek ik naar de Ardèche. Een vakantie waar we een paar weken eerder nog samen over gefantaseerd hadden, maar die ik nu in een leeg tweepersoonsbed doorbreng. Mijn leven is plots een hel geworden en ik heb totaal geen idee hoe dat nu precies komt. Mijn reisbudget gaat op aan zakdoeken in plaats van aan barbecuevlees. Terug in Gent, in een leeg appartement dat opeens geen thuis meer is, staan Ikeastoelen nog in de verpakking op mij te wachten. Ik haal ze uit de dozen, uit hun plastic folie en begin te vijzen. Met elke draai begin ik harder te huilen. Wat is er toch gebeurd? Hoe kan het dat ik vorige maand nog in een droom leefde en hier nu die godverdomse stoelen in elkaar zit te vijzen? Ik begin te hyperventileren. Mijn hart doet zoveel pijn dat ik dubbelplooi en plots de term hartzeer begrijp.

Daar op mijn knieën, in de aanblik van die stomme stoelen in vals leder met een schroevendraaier in mijn hand, besef ik dat mijn leven nooit meer hetzelfde zal zijn.

En gelukkig maar.

VOLG JE INTUÏTIE: CASE STUDY VAN SOFIE VAN VEIRDEGEM

Toen Sofie Van Veirdegem dit boek las, gingen bij haar allerlei belletjes rinkelen...

"Het eerste stuk van dit boek, dat kwam bij mij enorm binnen. Lien heeft een succesvolle zaak, alles gaat goed, ze heeft haar freelancers die voor haar werken, ze kan alles kopen wat ze wil en ze doet dat ook. Maar dan wordt ze toch op een dag wakker en denkt: 'Waarom doe ik dat hier eigenlijk?'. Dat resoneerde heel hard bij mij.

Ik heb heel lang als bediende in een bedrijf gezeten en gedacht: 'Waarom doe ik dat hier eigenlijk allemaal?'. Ik doe veel met mijn hoofd, ook in mijn werk, maar ik doe ook veel op mijn gevoel. Als iets voor mij gevoelsmatig niet meer werkt, zoals werknemer zijn, dan kan ik mij daar ook niet voor blijven inzetten. Dus ik werd ondernemer. Ik had meer vrijheid nodig. Om dat te bereiken als ondernemer wist ik dat ik mezelf

zo weinig mogelijk beperkingen wou opleggen. Daardoor zou ik veel intuïtiever kunnen leven en veel meer mijn goesting kunnen doen."

DE WAKE-UP CALL EN HOE DIE ZO EFFICIËNT MOGELIJK TE NEGEREN: HARD EN VER WEGLOPEN.

"Please, please, please! Laat de ferry tot aan de overkant geraken", smeek ik stilletjes.

Het is heet op het dek, zeker in een taxi zonder airco. De 9 uur lange vlucht heeft mijn huid plakkerig en mijn gezicht bleek gemaakt. Ik draai het raampje open voor wat frisse lucht, maar het is de geur van diesel vermengd met oud zweet die in mijn neus slaat. Ik sluit mijn ogen en probeer het beeld uit te wissen van de honderden opeengepakte mensen rondom mij. Zou de Duitse ingenieur die de sterkteberekeningen deed voor deze ferry ook rekening gehouden hebben met dit soort scenario's? Mijn ogen zijn nog steeds gesloten wanneer ik de geluiden rondom mij probeer te herkennen. Ik hoor een haan kraaien. Ik hoor aanstekelijk gelach. Een vrouw begint te neuriën en bijna meteen gaat het geneurie over in gezang. Ik hoor meerdere vrouwenstemmen, iemand begint ritmisch te drummen. "Do you want a Fanta, miss?" Ik kijk verschrikt op. Een venter lacht zijn tanden bloot en houdt een flesje voor mijn neus. Het is lang en smal, zonder etiket maar met de letters in het wit op het glas geschilderd. De inhoud is fluorescerend oranje. Ik weet dat deze Fanta niet smaakt zoals die in België. Deze is mierzoet en schreeuwt luidkeels "Diabetes! Diabetes!" naar mij. Ik heb nog geen euro's gewisseld, maar de taxichauffeur wil mij gerust trakteren. Samen slurpen we van onze flesjes. Ik lach en besef opnieuw waarom ik Kenia als bestemming gekozen heb. Het is vertrouwd... Ik weet hoe de Fanta hier smaakt, de geluiden en geuren zijn vertrouwd, de droge hitte voelde ik jaren eerder al op mijn huid. Kenia voelt als vertrouwd terrein. En dat is exact waar ik in deze woelige post-breakup periode naar op zoek ben.

IK WAS AL VIJF JAAR EERDER GESTORVEN, ALLEEN BESEFTE IK HET TOEN NIET.

Kenia mag dan wel als vertrouwd terrein aanvoelen, de realiteit slaat mij er toch keihard in het gezicht: ergens tussen mijn afstuderen in 2003 en deze post-breakup trip in 2011 ben ik compleet vergeten wie ik nu eigenlijk ben. Of misschien heb ik dat wel nooit geweten. De feiten zijn nochtans simpel: "Mijn naam is Lien De Pau, ik ben geboren op een maandag in mei en ik vierde enkele maanden geleden mijn 30ste verjaardag. Hoewel ik mijn eerste jaren doorbreng in een Waas dorp, groei ik op in het Antwerpse. Dat zorgt de rest van mijn leven voor een schizofreen accent: mijn klasgenootjes zeggen 'ien' en niet 'in', 'peekes' in plaats van 'wortels' en het woord 'lakker' vinden ze hilarisch onverstaanbaar. Van de sint krijg ik een handgemaakt barbiehuis dat perfect past onder het schuine dak van mijn kamer. Het is afgewerkt met behangpapier en tapis-plain dat verdacht veel lijkt op dat in de living van mijn meme en pepe. Van de kerstman krijg ik een werkkoffertje, met een hamer, een handzaag en een beitel. Ik blijk nog redelijk goed overweg te kunnen met die bouwmaterialen, dus ik volg een technische opleiding, die mij klaarstoomt voor een ingenieursstudie. Ik rond mijn studies met onderscheiding af. Voortaan mag ik Ing. op mijn naamkaartje schrijven en dat komt goed uit, want op de avond dat ik officieel afstudeer, heb ik meteen ook mijn eerste werkdag achter de rug. Ik maak pijlsnel carrière, inclusief de te verwachten burn-out op mijn 24ste. Ik beland in een nieuwe internationale job op mijn 25ste om in minder dan 3 jaar tijd opnieuw te klimmen tot een functietitel die al even lang is als dat hij belangrijk klinkt. Voor mijn Icarus-vleugels smelten, besluit ik hard weg te rennen, om te doen wat al lang in de sterren geschreven stond: zelfstandige worden."

Een zelfstandige die op een strand in Kenia ligt met een allesopslorpend, gapend zwart gat in haar ziel. Ik ben op zoek naar de kracht en motivatie om mijn leven terug op te pikken en te doen alsof er nooit iets gebeurd is. Welke plek is er beter dan een parelwit strand, wuivende palmbomen en turquoise tropisch water om aan zelfreflectie te doen?

Elke plek eigenlijk, zo blijkt. Want hoeveel kokoswater ik ook slurp, een antwoord op de steeds terugkerende vraag "Wat wil ik nu eigenlijk in mijn leven?!" vind ik niet, hoe wanhopig ik ook zoek.

ZELFS WANNEER JE HELEMAAL ROCK-BOTTOM ZIT, KAN JE NOG ALTIJD KIEZEN VOOR IETS ANDERS.

Wanneer je altijd al hebt gedaan wat van jou verwacht wordt en wat iedereen rondom jou doet, welk antwoord kan je dan bedenken op de vraag wat je hart nu echt sneller doet slaan? Niets. Of toch niets dat in de buurt van de waarheid komt. Verder dan een "Als je iets kan, waarom zou je het dan niet willen?" kom ik niet.

> "WANNEER JE ALTIJD AL HEBT GEDAAN WAT VAN JOU VERWACHT WORDT EN WAT IEDEREEN RONDOM JOU DOET, WELK ANTWOORD KAN JE DAN BEDENKEN OP DE VRAAG WAT JE HART NU ECHT SNELLER DOET SLAAN? NIETS."

Hoe hard ik ook mijn best doe in Kenia, ik kan geen goed antwoord bedenken. Simpelweg omdat ik mezelf nog nooit eerder zo'n vraag gesteld heb. Of heb durven stellen. Want stel nu even dat het antwoord is dat ik eigenlijk helemaal iets anders wil doen dan wat ik vandaag de dag doe? Of stel dat het antwoord is dat ik zelfs helemaal niet weet wat ik de komende maanden wil? Dat ik zelfs niet weet wat ik morgen wil? Dat ik zelfs niet weet of ik wel iets te willen heb in mijn leven?

> **❝***Many people die at 25 and aren't buried until they are 75.***❞**
> Benjamin Franklin

Hoe slecht ik mij ook voel, de moeilijke confrontatie met mezelf blijf ik liever uit de weg gaan. Dus grijp ik elke afleiding aan alsof het de laatste reddingshelikopter uit een oorlogsgebied is. Zo spendeer ik mijn dagen met de zussen Kennaways, de uitbaters van het hotel waar ik logeer. Olivia en Lindsay lopen 's morgens achter bavianen aan zodat die mijn toast niet komen stelen. Naast het dagelijks beschermen van mijn ontbijt, behaal ik ook mijn PADI Open Water Duikbrevet. Een klein mirakel, want zelfs in het zwembad sla ik in paniek. Tussen mijn allereerste oefenduiken in moet ik overgeven. "We will see many fish now", zegt mijn leraar droog.

Ook de tientallen boeken die ik heb meegesleurd naar Kenia geven mij voldoende bezigheid om 'De Vraag' te kunnen blijven omzeilen. Ik heb een boek mee dat me ooit werd aangeraden door mijn allereerste baas toen ik niet wist wat te antwoorden op zijn vraag "Wat wil je doen in je leven?" Oh, de ironie. Ik blijf hangen bij het hoofdstuk waarin Stephen Covey, de auteur van 'The 7 habits of highly effective people', vertelt dat je nooit mag vergeten dat je als mens keuzes hebt. Elke mens heeft altijd de mogelijkheid om te kiezen tussen verschillende opties. De keuze om verder te blijven doen wat je altijd al gedaan hebt. Maar ook de mogelijkheid om voor iets anders te kiezen wanneer je dat wil. Je hebt keuze.

Het resoneert met mij. Ik realiseer mij dat ik hier op dit strand in Kenia maar weinig keuzemogelijkheden heb overgehouden en dat ik mij gevangen voel in mijn eigen leven. Ik heb mij vastgereden in een door mezelf gecreëerde nachtmerrie vol verantwoordelijkheden.

Maar het idee dat er ergens misschien wel een minuscule kans bestaat dat ik voor iets anders zou kunnen kiezen dan de ramp die mijn leven op dat moment is, geeft mij een strohalm. Ook al weet ik nu niet wat dat 'iets anders' is. Ik grijp dit idee van keuze vast alsof het mijn allerlaatste reddingsboei is: "Je hebt altijd keuzes, Lien", herhaal ik avond na avond in mijn Keniaans bed.

DE WAKE-UP CALL VAN LEZERES EN JUWEELONTWERPSTER LIESELOT GEEREGAT

Lieselot Geeregat was net mama geworden van haar tweede kindje, toen ze dit boek in handen kreeg en de bom insloeg.

"De quote in dit boek die me het meest geraakt heeft is: 'Wat als je morgen doodvalt? Ga je dan met spijt sterven?' Ik herinner me dat ik toen vree geblèt heb. Het raakte me enorm.

Drie jaar eerder was ik voor het eerst mama en zelfstandige geworden en ik ging toen voluit voor mijn freelance werk. Niet zo lang daarna ben ik bevallen van ons tweede kindje. Mijn hormonen waren volop aan het werken en ik herinnerde mij een gesprek met mijn ma die zei: 'Oh, mijn grote droom is om een bloemenzaak te beginnen. Maar ja, ik ga dat niet doen hè.' Dat gesprek is altijd in mijn hoofd blijven spelen.

Dus toen ik nog niet zo lang bevallen was van ons tweede kindje en ik de quote las, kwam die echt binnen. Want het is snel gebeurd he… een ongeval, een ziekte. Ik besefte door die quote dat ik aan mijn twee kinderen een voorbeeld wou tonen van hoe je wel je dromen kan na-jagen. Ik heb bij mijn ouders gezien dat ze dat niet hadden gedaan, dus ik dacht: 'Ja maar, niet bij mij he! Ik ga dat niet doen zoals jullie dat deden. Ik ga geen spijt hebben van mijn leven. En al doet het soms financieel pijn, geluk staat boven alles!'

Een kind krijgen is een gebeurtenis dat je leven verandert en de din-gen op scherp stelt. Op zo een moment ben je meer dan ooit gevoe-lig voor het idee: 'Wat wil ik doorgeven aan hen?'. Na de geboorte van mijn eerste kind was ik beginnen freelancen, mijn droom. Maar ik was eigenlijk heel ongelukkig. Als je elke dag moet wenen en met tegengoesting uw uren moet slijten, dat is de hel gewoon. Maar bij de geboorte van de jongste ben ik toch als freelancer snel weer beginnen werken. Ik weet dat ik dat freelancebureau belde en zei: 'Ja, breng maar werk!' Ik deed mijn laptop open, maar ondertussen stopte de jongste niet met huilen. Die wou mij duidelijk maken dat die niet wou dat ik daar gewoon zat te werken. Die wou mijn aandacht, dat ik hem vasthield,… Ik voelde me steeds meer schuldig dat ik niet vijf maanden thuis was met hem, zonder te werken.

Het was mijn omgeving die mij duidelijk maakte: 'Waar ben jij mee be-zig?! Je moet nu niet werken. Je moet nu echt niet denken aan dat geld dat moet binnenkomen.' Ik ben dan gecrasht. Gewoon beginnen blèten en panikeren. Het ging niet meer. Ik kon mij niet meer schikken aan iemand anders zijn agenda. Ik kon dat leven niet meer leiden.

Het was op dat exacte moment dat dit boek op mijn pad kwam. Alles wat in mijn systeem vastzat, is er toen uitgekomen. Het was tijd voor verandering.

"MAAR WAT WIL IK DAN?" IN IEDER GEVAL EEN MINDER VAGE VRAAG!

Ik vertrek uit Kenia zonder een antwoord op mijn vraag "Wat wil ik nu eigenlijk met mijn leven aanvangen?", maar met de diepe overtuiging dat ik kan kiezen voor een ander leven dan hetgeen ik nu leid. En die overtuiging is toch al een eerste stap in de goeie richting. De volgende stap is om te bedenken wat dan dat 'andere' leven zal zijn. Makkelijk, toch?

Euh, nee.

Ik wil simpelweg niet meer zijn wie ik ben en niet meer doen wat ik doe. Maar ja, dat is niet echt een 'andere' keuze. Het is enkel het tegenovergestelde van wie ik vandaag ben of wat ik vandaag doe. En daar kan ik niet naar handelen. Het is zoals zeggen dat je geen spaghetti meer wil eten. Daarmee weet je nog altijd niet wat je dan wel graag wil eten natuurlijk.

Wat ik mij niet realiseer, is dat de vraag "Wat wil ik met mijn leven aanvangen?" de foute vraag is. Het is een valstrik. Het is het soort vraag dat ervoor zorgt dat je de hele tijd je eigen staart achternaloopt, hij-

gend honderden rondjes draait tot het moment dat je doodmoe neervalt en je afvraagt waarom je nu in godsnaam 2 uur geleden begon met rondjes draaien. Als je op zoek bent naar het soort duidelijkheid waar je wat mee kan, zoals ik toen in Kenia, stel jezelf dan niet zo een vage vraag. Stel jezelf de veel specifiekere vraag "Wat wil ik vandaag en de komende 6 maanden met mijn leven aanvangen?"

VEEL KEUZE HEBBEN EN NIET WETEN WAT JE WIL: SCHRIJF JE PERSOONLIJKE WAT-IK-WIL MANIFEST.

Net wanneer ik een antwoord probeer te vinden op de meer specifieke vraag "Wat wil ik vandaag en de komende 6 maanden met mijn leven aanvangen?" kruist een ander boek mijn pad. Dat blijkt exact de hulp te bevatten die ik op dat moment nodig heb. In 'The Four Hour Work Week' beschrijft de auteur Tim Ferriss hoe hij te weten komt wat hij wil. Zijn dreamlining-techniek zou mij wel eens kunnen helpen om mijn eerste stapjes te zetten in een zoektocht naar wat ik nu eigenlijk wil aanvangen met mijn leven. Vol hoop neem ik een groot wit blad papier en maak 3 kolommen. Elke kolom voor een 'Wat-Ik-Wil' lijstje, elk met een tijdshorizon van maximaal 6 maanden:

- ❖ wat ik wil HEBBEN
- ❖ wat ik wil ZIJN
- ❖ wat ik wil DOEN

Kort na mijn trip naar Kenia besluit ik dus Tim's techniek voor de eerste keer toe te passen. Wat heb ik immers te verliezen?

Het resultaat is… euhm, interessant?

Ik weet dat je gebrand bent om mijn ietwat gênante Wat-Ik-Wil Manifest te lezen, maar vooraleer ik dat prijsgeef, wil ik graag dat ook jij een eerste versie van jouw manifest schrijft.

MIJN WAT-IK-WIL MANIFEST

HEBBEN

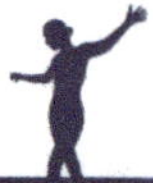

DOEN

ZIJN

Echt, doe nu eerst die oefening. Mijn Wat-Ik-Wil Manifest is nu ook weer niet zo gênant…

Ok, hier gaan we…

De kolom Wat-Ik-Wil-Hebben, is met onder andere een Audi A5 Cabrio goed gevuld. De hele kolom staat tjokvol materiële dingen. Blijkbaar ben ik een materialist met een onverzadigbare honger. Ik ben er een beetje beschaamd over, maar volgens Tim is dat nergens voor nodig: "Heel normaal als je je identiteit vooral gedefinieerd hebt op basis van al de dingen die je hebt."

In de kolom Wat-Ik-Wil-Zijn staat in kleine letters maar 1 wens geschreven. In een kattengeschrift dat bijna onleesbaar is: 'Gelukkig zijn'. Dat is wat ik op dat moment echt wil zijn. Maar ik heb al een hele tijd geen idee meer hoe ik dat opnieuw kan worden. Dat maakt mij ook hoe langer hoe meer wanhopig.*

En wat staat er in mijn Wat-Ik-Wil-Doen kolom? Als ik je vertel 'iets doen om geld te verdienen en dus nog meer dingen te hebben', dan ben ik helaas doodeerlijk. En ook wat beschaamd. De inhoud van mijn Wat-Ik-Wil manifest is eigenlijk pijnlijk materialistisch. Maar, klop op de borst, ik ben wel eerlijk geweest.

Wat ik ook nog heb opgeschreven? Opnieuw vier weken vakantie nemen het jaar erna. Geen een, of zelfs twee, maar een hele maand tijd om te proberen mij terug gelukkig te voelen.

"MAAR IK WIL PASSIE! BETEKENIS! EN EEN ROEPING ENZO!" DE REALITEIT.

Let's face reality… Een manifest maken van wat je wil hebben/zijn/doen betekent niet noodzakelijk dat je meteen een betekenisvol leven zal leiden of je roeping zal vinden. Hoewel ik daar heel hard naar op zoek was, kreeg ik niet zomaar het antwoord voorgeschoteld toen. Maar

---

* Beter niet te veel bij stilstaan, allicht brengt wat shoppen soelaas.

mijn intenties met dat allereerste Wat-Ik-Wil manifest waren oprecht en het was de enige strohalm die ik had om mezelf beter te leren kennen. Ik had alles op de lijst zelf gekozen, dus ik zou wat erop stond ook zelf proberen waarmaken. Zo zou ik kunnen vaststellen wat het effect was op dat gapend zwart gat in mijn ziel. Ik had geen idee of het zou werken, maar het was het enige tastbare plan dat ik na maanden zoeken had om te ontdekken wat ik nu echt wou aanvangen met mijn leven. Soms moet je gewoon pragmatisch stuntelen en roeien met de riemen die je hebt. Zeker wanneer je boot aan het zinken is.

Na het afvinken van de meeste items in mijn Wat-Ik-Wil manifest bleef ik achter met een leeg gevoel. Dat bevestigde alleen maar hoe onbewust ik tot dan toe geleefd had. Ik deed wat van mij verwacht werd, zonder veel betekenis, en mijn eerste Wat-Ik-Wil manifest was daar een reflectie van. Geen Audi A5 Cabrio of vier weken vakantie zou dat oplossen.

> **66** *Don't feel guilty if you don't know what you want to do with your life. The most interesting people I know didn't know at 22 what they wanted to do with their lives. Some of the most interesting 40-year-olds I know still don't.* **99**
> Baz Luhrmann

Maar wat deze stuntelige eerste poging mij wel opleverde, was dat ik bij elk vinkje meer over mezelf -en wat ik wou- te weten kwam. Of beter, wat ik NIET LANGER wou... Ik wou niet langer een auto hebben. Ik wou niet langer een huis hebben. Ik wou eigenlijk bijna niks meer hebben. Ik wou ook een heleboel dingen niet meer zijn: ik wou niet meer heel de dag gestresseerd zijn, ik wou niet meer ongelukkig zijn, ik wou niet meer de perfecte vriendin-dochter-nicht-baas-ondernemer zijn.

Dankzij het Wat-Ik-Wil manifest stapte ik heel langzaam weg van mijn ik-doe-maar-wat leven richting een bewuster leven. Ik stapte richting het antwoord op mijn vraag: "Wat wil ik nu eigenlijk echt aanvangen met mijn leven?"

Na al dat afvinken, stond er in de lente van 2012 nog één ding op mijn Wat-Ik-Wil manifest. Iets wat ik absoluut wou doen ergens in de komende maanden: opnieuw vier weken vakantie nemen. Dus ik boek een vliegtuigticket naar een land waar ik nog nooit van gehoord heb, laat staan dat ik het weet liggen op de kaart. Een land dat mijn leven overhoop zal gooien in de mate dat het de koers ervan zal veranderen. Maleisië.

DEEL 2

MAAK HET NIET ERGER
DAN HET AL IS.

STOP ONMIDDELLIJK MET
DOELLOOS DOOR JE LEVEN
TE RENNEN.

"MAAR WAT WIL IK DAN?" EEN PANIEKAANVAL KRIJGEN IN EEN HINDOETEMPEL BLIJKBAAR.

Oktober 2012. Ik ben compleet gedesoriënteerd. Ik herken geen enkele geur. Ik hoor geluiden die mij totaal onbekend zijn. Ik zie mensen in allerhande kleuren en vormen, maar geen enkele ervan lijkt op mij. Alles is anders. Dat was te verwachten, zo'n 10.000 km ten zuidoosten van België. Het is broeierig heet. In combinatie met de vochtigheidsgraad van een Turkse hamam is de temperatuur hier in Maleisië ondraaglijk. Ze dwingt mij, duizelig en badend in het zweet, te gaan zitten op de koude tegels van een hindoetempel. De enige gedachte in mijn oververhitte hersenen is: "Waar ben ik in godsnaam aan begonnen?"

Ik vind mijn weg niet, ik ken hier niemand. Stel dat er iets gebeurt… Niemand weet waar ik ben, ik weet het zelf amper. Verwoed zoek ik naar de straatnaam 'Jalan Sehala' op mijn kaartje, zonder die ook maar ergens terug te vinden. Pas enkele dagen later en nadat ik meerdere Jalan Sehala's in Kuala Lumpur tegenkom, vertelt iemand me dat Jalan Sehala gewoon 'Eenrichtingsstraat' betekent.

Het beste dat ik kan verzinnen om als eenendertigjarige om te gaan met mijn desoriëntatie is me in bed verstoppen, diep onder de lakens. Volledig verdwaasd word ik 26 uur later wakker. Ik raap mezelf bij elkaar en besluit de buurt rond mijn hotel wat te verkennen. Het is ondertussen al avond. Of opnieuw avond. Ik ben de draad kwijt. Mijn hotel bevindt zich in de drukste uitgaansbuurt van Kuala Lumpur. In de wijk waar iedereen elke week wel minstens één keer komt eten. Overal hangt rook van de satéstalletjes, roggen zwemmen in met neon verlichte aquaria wachtend om mee op de grill gegooid te worden, proppers zwaaien met menukaarten in het Maleis, Engels en Mandarijn, dampende noedelsoep wordt in grote kommen uitgeschept en ik kijk mijn ogen uit. Ik heb nog nooit zo veel fantastische chaos gezien, de chaos die zo typisch is aan Maleisië en heel wat plekken in Azië. Met visioenen over hoe mijn lichaam straks zal omgaan met de onbekende bacteriën, bestel ik toch een soep (Die kookt. Koken is goed. Koken doodt bacteriën), een ijskoud pintje (uit het flesje en nadat ik de hals met een servetje heb afgekuist) en vers exotisch fruit op een satéstokje als dessert. Dat laatste wordt mij angstvallig afgeraden door

mijn gids-voor-de-bange-blanke-vakantieganger, maar mijn ogen zijn groter dan mijn angst voor acute reizigersdiarree. Doodop van alle indrukken, keer ik terug naar mijn hotel en slaap ik mijn jetlag helemaal weg. Een nacht en een dag gaan voorbij. Mijn initiële paniek begint beheersbare proporties aan te nemen, dus ik begin meer en meer te genieten van mijn eerste dagen als soloreiziger in een voor mij nog onbekend land. Ik ga naar een spa waar vissen het eelt van mijn voeten knabbelen, een karaktertest voor al wie niet tegen kietelen kan. Ik vier mijn herontdekte vrijheid met het proeven van dingen waarvan ik vermoed dat ze eetbaar zijn, maar waarvan ik de naam niet kan verstaan. Ik vind mijn draai in de chaos, de hitte, die andere wereld. Ik voel me zelfs zeker genoeg om de dag erna te vertrekken uit Kuala Lumpur en het laatste vinkje op mijn Wat-Ik-Wil Manifest te zetten. Ik trap mijn Wat-Ik-Wil-trip af met een bezoek aan de stad Melakka. Melakka is UNESCO werelderfgoed net zoals Brugge, maar dan met noedels.

Nog geen 24 uur later zwalp ik van links naar rechts door de straten van Melakka. Gelukkig voor mij loopt er geen politie rond, want dronkenschap -en zeker van het openbare type- wordt in Maleisië niet meteen op luid gejuich onthaald. Maar ook al loop ik wat scheef op klaarlichte dag, mijn bloed bevat nul promille alcohol. Mijn ietwat wazige blik komt namelijk niet van de pintjes, maar van een onschuldig kopje.... thee.

De ochtend was al wat raar begonnen. Na een nacht van weinig slaap en een bevreemdend gesprek in Kuala Lumpur met een Vlaamse expat ("Onze kinderen krijgen tenminste nog normen en waarden mee. Zo mogen ze bijvoorbeeld onze Filipijnse huishoudhulp niet slaan."), kruip ik 3 uur lang op een bus richting het zuidelijke Melakka, waar de fundamenten van Maleisië liggen. In Melakka zet ik het op een ronddolen, want ik heb eigenlijk geen idee wat ik hier wil doen of bekijken. Dat zal een rode draad blijken in al mijn latere reizen. Al dolend word ik in één van de steegjes naar binnen gewenkt in -wat later zou blijken te zijn- een zuipkot. Een zuipkot op zijn Maleisisch weliswaar. Een theehuis dus. De eigenares van het theehuis is, zoals velen in Melakka, van Chinese origine. Haar naam is echter Koreaans. "Pak, wat 'Wit' betekent" zegt ze. Mevrouw De Witte blijkt een geweldige gastvrouw te zijn, die mij de geneugten van de Chinese theeceremonie leert kennen. Daar hoort een duidelijke waarschuwing bij, want ik zou wel eens

dronken naar huis kunnen gaan. "Yes, tea drunk" glimlacht mevrouw De Witte. "You can get drunk from drinking too much tea." Miss Pak weet natuurlijk niet dat ik uit België kom, dus ik vergeef haar haar onnodige overbezorgdheid. Na een uur slurpen ben ik vlot aan het babbelen, zie ik de hele wereld graag, is iedereen mijn vriend en piekt mijn zelfvertrouwen naar ongekende hoogtes. Ik ben nog net genoeg bij mijn verstand om geen vijf kilo overbodige thee te kopen vooraleer ik haar theehuis buitenzwalp.

Ik wandel langs de rivier richting Bestemming Geen Idee. De frisse lucht doet wonderen. Het begint al wat te schemeren en de straatverlichting langs het pad springt aan. Wat verderop ligt een kleine haven en ik weet dat van daaruit boten vertrekken voor een kitscherige riviertocht, die enkel en alleen bestaat om toeristen bezig te houden. Och, waarom ook niet? Ik koop een ticketje en voor ik het goed besef, zit ik op de Aziatische versie van de Love Boat. Romantiek hangt in de lucht; de westerse koppels knuffelen, de Chinese toeristen nemen duizenden selfies met flash, onophoudelijk kwebbelend terwijl ze de foto's meteen op de Chinese versie van Facebook gooien.

Nog wat licht in mijn hoofd van mijn thee-escapade geniet ik van de muziek die uit de boxen komt, van het geluid van de rivier, van de warme drukkende lucht en van de geuren komende van de peranakanrestaurantjes op de oever. En dan overvalt mij dat gevoel. Een gevoel dat mij bekend is. Maar het is al zo lang geleden dat ik het had. In het voorbije jaar was er geen ruimte voor geweest, omdat ik bezig was met het overleven van een hoop pijn en verdriet en het terug bij elkaar rapen

van wat er nog overbleef van mijn dromen. *Maar hier op de Love Boat slaat het mij keihard in mijn gezicht. "Dit is het, hier moet ik zijn. Op dit moment in mijn leven. Hier moet ik mijn tijd doorbrengen, nu. Dit is wat ik moet doen. Dit voelt juist, ook al heb ik geen idee waarom."* Enkele heel lange seconden ben ik gelukkig, doodgelukkig.

GROTER, ZOTTER, BETER,... EN TOTAAL ONMOGELIJK: MIJN WAT-IK-WIL MANIFEST V2.0.

Heb je ooit al eens in je leven dat gevoel gehad waarvan je zeker wist: 'Dit gebeurt niet zomaar. Dit gebeurt om een reden. Dit moest gebeuren'? Die avond in Melakka was zo een moment. Ik wist het, ik voelde het. Achteraf gezien zal de kitscherige Love Boat vol knuffelende toeristen een keerpunt in mijn leven vormen. Die avond zou bepalend worden voor de belangrijkste beslissingen die ik het jaar erop zou nemen. Beslissingen die mijn leven zouden omgooien van een leven-zo-als-ik-dacht-dat-het-moest naar een leven-op-mijn-voorwaarden. Een voor-Melakka-leven en een na-Melakka-leven.

> **“***Only put off until tomorrow what you are willing to die having left undone.***”**
> Pablo Picasso

Daar in Melakka maak ik een nieuw Wat-Ik-Wil manifest. Het is van een veel grotere schaal en met veel grotere gevolgen dan de 'vier weken vakantie nemen per jaar' uit mijn eerste manifest een jaar eerder. Ik schrijf in heel licht potlood, bijna onleesbaar: 'Ik wil zo lang reizen als ik maar wil'. Hoe ik, met een druk leven en mijn eigen goed draaiend bedrijf in België, ervoor kan zorgen dat ik meer tijd kan doorbrengen aan de andere kant van de wereldbol, ik heb geen idee. Op de bus van Melakka naar Penang besluit ik om dit grote, zotte en onmogelijke idee, dat ondertussen gepaard gaat met kriebels in mijn buik, niet zomaar te negeren. *Het is niet omdat een idee helemaal geschift en onhaalbaar lijkt, dat het dat ook werkelijk is.*

Mijn nieuwe bestemming blijkt algauw - ik druk het nog zachtjes uit - een vijand voor mijn broeken te zijn. Penang is een eiland dat aan de westkust van Maleisië ligt en George Town is mijn volgende halte. Het is de tweede grootste stad van het land en politiek gezien vaart het een heel eigen koers. Dat merk je in het dagelijks leven want hier heerst meer dan waar ook een mengelmoes van nationaliteiten en religies. Volgens mijn reisgids is George Town een waar paradijs voor de liefhebber van cultuur en geschiedenis, maar al de inwoners blijken vooral één gemeenschappelijke, favoriete bezigheid te hebben... eten. Toevallig ook één van mijn favoriete bezigheden. Geurende kommen vol dampende soep. Gazettenpapiertjes vol krokant gefrituurde hapjes. BBQ's vol met perfect geroosterd vlees. Plastiek zakjes tot de rand gevuld met versgeperst fruitsap. Ik passeer het ene geurige obstakel na het andere.

Voor een Penangite is eten zoals ademen, een continue en levensnoodzakelijke bezigheid. Ofwel hebben ze net gegeten, ofwel zijn ze aan het eten, ofwel zijn ze onderweg om te gaan eten. Elk gerecht heeft ook 'zijn' restaurant: de beste Char Koay Teow eet je in Sri Weld Food Court en voor de meest verfrissende Cendol ga je naar Joo Hooi café. Het blijkt gelukkig niet zo moeilijk om de favoriete adresjes van de Penangites te weten te komen. Ze worden niet angstvallig geheim gehouden voor toeristen, integendeel. Vrijwel onmiddellijk ontdek ik de meest succesvolle aanpak om de lekkerste kraampjes te weten te komen: alles begint met de verloren gelopen toerist uit te hangen. Een rol die ik met verve speel want het merendeel van de tijd heb ik sowieso al geen idee waar ik ben. Mijn nietsvermoedende prooi is meestal

een behulpzame passant die medelijden heeft met een verward in het rond kijkende toeriste. Een stratenkaartje is een prima attribuut voor het aanknopen van een gesprek trouwens. Omdat de passant allicht zonet heeft gegeten, of op dat moment aan het eten is of ergens naartoe gaat om te eten, kan ik makkelijk het gesprek leiden naar all things food. "Weet je waar Jalan Burma is? Ik heb gehoord dat de Hokkien Mee daar de beste van het eiland is." Waarna steevast het antwoord volgt waar ik naar op zoek ben: "Ja, die is inderdaad lekker. Maar die in Lebuh King is nog veel beter!", met daarbovenop de volledige uitleg waarom de noedels in Lebuh King dan wel veel beter zijn. Dan volgt steevast de standaardvraag "Sudah makan?" wat zoveel betekent als "Have you already eaten?" gevolgd door een uitnodiging om de noedels meteen samen te gaan proeven. Op een bepaald moment word ik zo goed in deze gesprekken dat ik makkelijk vijf, zes, zeven keer per dag eet met een tafelgenoot die ik vijf minuten geleden nog nooit eerder had gezien. Zo rijdt een taxichauffeur mij naar zijn favoriete Nasi Kandarrestaurant, waar we samen onze vingertjes aflikken en beland ik om 2u 's nachts na een avondje op café met mijn vriend Jesse in zijn favoriete stalletje om de beste noedelsoep van het eiland te eten, om meteen de volgende ochtend door mijn vriendin Karen mee in de auto gesleurd te worden voor een rit van meer dan een uur om Curry Mee te eten. De soep wordt al meer dan 60 jaar elke dag opnieuw bereid en geserveerd door 2 oude tantes. Ik heb de tijd van mijn leven hier in George Town. Mijn, in heel licht potlood, bijna onleesbaar geschreven 'Ik wil zo lang reizen als ik maar wil' wordt aangevuld met 'en nog meer fantastisch eten in mijn mondje proppen in deze geweldige stad.'

HET WAT-IK-WIL MANIFEST: CASE STUDY VAN LEZERES EN ONDERNEEMSTER SOFIE LEEMANS

Sofie Leemans woont in haar huis in Zuid-Afrika, met zicht op de bergen en waar ze elke dag haar goesting doet. Haar bedrijf De FlowFabriek hielp haar die droom waar te maken.

"Het eerste wat bij mij opkomt als ik denk aan het Wat-Ik-Wil Manifest is dat deze tool me heeft doen beseffen dat **een doel iets heel flexibels is** dat doorheen de tijd kan, en mag, veranderen. Vroeger dacht ik daar

veel rigider over: "Dit is mijn doel en daar moet ik naartoe werken, als een idee-fixe." Ik stopte niet zolang ik mijn doel niet bereikt had. Ook al voelde dit doel na een tijdje achterhaald of niet meer in lijn met mijn leven, ik kon er niet flexibel mee omgaan. Ik besef nu dat ik niet het volledige plan van A tot Z moet uitgewerkt hebben, maar dat ik vooral een manier om doelen te zetten moest vinden die echt bij mij past. Het schrijven en het regelmatig herschrijven van het Wat-Ik-Wil Manifest was de aanpak die ik nodig had flexibeler met mijn doelen om te kunnen gaan.

Ondertussen gebruik ik het manifest al meerdere jaren en heeft het me, naast veel flexibeler omgaan met mijn doelen, ook geholpen om veel meer **duidelijkheid over wat ik écht wil** te krijgen. Ik herinner me dat ik in de eerste versies van mijn manifest vooral veel dingen had in de kolom Wat-Ik-Wil-Doen. Die vond ik het makkelijkste om in te vullen, want ik had zoveel taken in mijn hoofd. Maar na een paar versies van het manifest begon ik steeds meer mijn onderliggende verlangen te zien van al die dingen in de Wat-Ik-Wil-Doen kolom. Telkens wanneer ik terugkeek naar wat ik in mijn vorige manifest had geschreven, zag ik dat veel dingen onder dezelfde noemer vielen en er een patroon in zat. Alles wat ik in de Wat-Ik-Wil-Doen kolom had staan, had altijd een groter doel. Namelijk: Ik wil gewoon vrij zijn! Plots zag ik het haarscherp: in de Wat-Ik-Wil-Doen kolom schreef ik massa's dingen neer waarvan ik hoopte dat ze me meer vrijheid zouden geven. Maar ik was zó druk bezig met alles af te vinken in die Wat-Ik-Wil-Doen kolom, dat ik me allesbehalve vrij voelde. Wat een inzicht! Mijn focus verschoof plots van de Wat-Ik-Wil-Doen kolom naar de Wie-Ik-Wil-Zijn kolom. Wat ik echt wil, is vrij ZIJN en wat ik daarvoor allemaal kan DOEN, dat verandert en is flexibel."

De inzichten die Sofie kreeg rond flexibiliteit en het vinden van je hogere doel, zijn ook die van veel andere lezers. Wie de eerste paar keren het Wat-Ik-Wil Manifest gebruikt, heeft altijd heel veel in de Wat-Ik-Wil-Doen en zeer weinig in de Wie-Ik-Wil-Zijn kolom staan. Maar als je een paar verschillende versies hebt gemaakt van je manifest dan begin je daar een gemeenschappelijke deler in te zien. Je beseft dat veel van de dingen die je aan het doen bent, eigenlijk allemaal middelen zijn om iets anders te bereiken, namelijk een groter, overkoepelend doel. Je zou dat zelfs *je levensmissie* kunnen noemen.

Voor Sofie bleek die levensmissie 'vrijheid' te zijn en alle dingen die ze doet, worden daardoor veel flexibeler. Het ultieme doel is vrij zijn en de weg daar naartoe (wat in de Wat-Ik-Wil-Doen kolom staat) is flexibel en mag veranderen.

Naast 'vrij zijn' verschenen ook steeds vaker de woorden 'authentiek zijn' op Sofie's manifest. En dat had verstrekkende gevolgen, vooral op haar professionele carrière.

"Vroeger kon ik soms heel hard vastzitten in het imposter syndroom. Dat was het gevolg van het feit dat ik een definitie had gecreëerd van wat een psycholoog ís of wát die zou moeten doen. Ik ben nooit een doorsnee psycholoog geweest. Ik kon me niet vinden in een aantal dingen die verbonden werden aan die titel. Dat gaf me het gevoel dat ik niet echt een goede psycholoog kon zijn.

Maar door het Wat-Ik-Wil Manifest kreeg ik steeds duidelijker te zien dat, naast vrij zijn , ook 'authentiek zijn' mijn levensmissie is. Ik besefte dat het werk dat ik doe als psycholoog authentiek moet zijn en moet passen bij wie ik ben. Dat was één van de redenen waarom ik uiteindelijk mijn titel als psycholoog heb opgegeven. Ik ben nog altijd psycholoog van opleiding, maar ik ben niet meer officieel ingeschreven onder de psychologencommissie."

Vrij zijn. Authentiek zijn. Na meerdere versies van haar manifest kwamen deze twee levensmissies steeds weer terug. En nu toetst Sofie daar alle andere doelen in haar manifest aan af. "Al mijn doelen bekijk ik nu elke keer vanuit dezelfde invalshoek: als het leidt tot meer vrijheid en authenticiteit, dan heb ik mijn doel goed gedefinieerd. Als het dat niet doet, dan moet ik bij dat doel een vraagteken zetten, het aanpassen of helemaal schrappen. Naast flexibel zijn met mijn doelen en duidelijkheid krijgen over wat ik écht wil, heeft het manifest me dus ook **een fundamenteel kompas gegeven**. In plaats van alles te willen doen of hebben, hou ik enkel nog doelen over die echt leiden tot meer vrijheid en tot meer authenticiteit."

Lezers die, door de jaren heen, al meerdere versies maakten van het manifest komen uiteindelijk tot de conclusie dat al de dingen die ze doen een gemeenschappelijke deler hebben, zoals vrij zijn of authen-

tiek zijn. Doordat ze ontdekt hebben wat die gemeenschappelijke delers zijn, kunnen ze de dingen in de Wat-Ik-Wil-Hebben en in de Wat-Ik-Wil-Doen kolom veel gemakkelijker screenen. Past dit doel eigenlijk wel echt in mijn kraam? Want als ik vrij/authentiek/... wil zijn, leiden deze dingen daar dan tot? Zo een fundamenteel kompas hebben voor je leven, is het ultieme gevolg van het Wat-Ik-Wil Manifest. Je leert om veel dieper te connecteren met wie je wil zijn, waardoor het makkelijker wordt om de dingen die op je pad komen te laten passeren, in plaats van er actie op te nemen.

Wie het manifest al langer gebruikt, weet dat het een tool is met meerdere lagen en verschillende fases. De eerste versies van je manifest zijn vooral een opsomming van taken in de Wat-Ik-Wil-Doen kolom. Later evolueert je manifest. Er komt duidelijkheid in Wie-ik-Wil-Zijn, waardoor je begrijpt dat wat in de Wat-Ik-Wil-Hebben en Wat-Ik-Wil-Doen kolom staat, flexibeler kan bekeken worden. Want de weg die je kiest, is minder belangrijk dan de manier waarop je wil leven! In de laatste fase wordt de Wie-Ik-Wil-Zijn kolom het kompas om naar de andere twee kolommen te kijken en te schrappen wat irrelevant is.

DE NIET TE NEGEREN DRANG IN ELK VAN ONS: ONTDEK WAAROM JE NU ECHT OP DEZE AARDBOL RONDLOOPT.

Het is een plakkerige, subtropische avond in George Town en ik heb net afscheid genomen van Joyce nadat we een fles wijn hebben leeg gekuist in het prachtige erfgoedhotel waar ik logeer. Joyce is veel fantastische dingen, waaronder ook hevige fan van luisterboeken en podcasts. Haar liefde voor podcasts werkt altijd zo aanstekelijk op mij en nog diezelfde avond in bed ontdek ik per toeval de podcast "Personal Development for Smart People" van Steve Pavlina. Geïnspireerd door 'Star Trek: The next generation' streeft Steve naar een leven zonder job, maar met des te meer voldoening. In de omschrijving van één van zijn podcasts lees ik: "How do you discover your real purpose in life? I'm not talking about your job, your daily responsibilities, or even your long-term goals. I mean the real reason why you're here at all — the very reason you exist." Het is niet de omschrijving die mij intrigeert, ik

had dat al in honderden versies gezien, gelezen en gehoord. Het is de aanpak die hij voorstelt. Praktisch, kort en krachtig. Werkt het niet, dan zou ik maximaal een uur van mijn leven verspild hebben. De aanpak die Steve suggereert bestaat uit vier stappen. En als ik ze voltooid heb, dan zal ik te weten komen waarom ik op deze aardbol rondloop? OK. Een Wat-Ik-Wil Manifest op steroïden dus! Een Wat-Ik-Moet Manifest, zeg maar.

Volgens Steve ben ik dus maar vier eenvoudige stappen verwijderd van het vinden van mijn missie en dit zijn ze:

1. Neem een wit blad papier of open een wit blad op je pc (dit is wat ik deed want ik typ sneller dan ik schrijf).

2. Schrijf bovenaan het blad "Wat is het echte doel van mijn leven?"

3. Schrijf een antwoord op, eender welk antwoord dat je hoofd te binnen schiet. Dat hoeft niet in een volledige zin te zijn. Enkele woorden zijn prima.

4. Herhaal de derde stap tot je een antwoord opschrijft dat je doet huilen. Dat is je echte missie, dé reden waarom je op deze aardbol rondloopt.

Yep, TOT JE BEGINT TE HUILEN. Dat lees je goed.

Net zoals Tim Ferriss mij eerder geruststelde dat het oké was als mijn Wat-Ik-Wil Manifest vooral materiële dingen bevatte, zo stelt Steve Pavlina mij nu gerust tijdens deze oefening: "Hoe meer je een onbewust, ik-doe-maar-wat leven leidt, hoe lastiger de oefening zal zijn en hoe meer iteraties van stap 3 je nodig hebt. Sommige mensen zijn klaar in amper 50 iteraties, anderen doen er 500 over." Ik moet zelf de derde stap 87 keer herhalen en ik begin niet te huilen. Maar op het moment dat ik mijn missie opschrijf, weet ik verdomd goed: 'Dit is het!' Er volgen nog een vijftiental andere antwoorden, *maar ik weet al dat ik het gevonden heb... mijn doel, mijn passie, de betekenis van mijn leven, de reden waarom ik hier op deze aardbol rondloop.*

> **"**The two most important days of your life are the day you were born and the day you find out why.**"**
> Mark Twain

Die nacht besef ik dat de tweede editie van mijn manifest, waarop geschreven staat 'Ik wil zo lang reizen als ik wil', klaar is voor een ongeziene en onmiddellijke upgrade. Terwijl het manifest een langzaam experiment van trial & error is dat over heel wat maanden was gespreid, heeft de oefening van Steve onmiddellijk effect. De ochtend erna pas ik mijn jobtitel op LinkedIn en mijn handtekening onder mijn e-mails aan. Dat zijn de uiterlijke resultaten van de oefening. Maar ik begin diezelfde dag nog mijn ontdekte missie te gebruiken als een kompas om beslissingen te nemen.

MOETEN VERSUS MOETEN: WAT-VAN-MIJ-VERWACHT-WORDT VERSUS WAT-STERKER-IS-DAN-MEZELF.

In ons leven zijn er heel veel dingen die we denken te 'moeten'. Let er maar eens op hoe vaak jij zelf het woord gebruikt. "Je zou dat boek eens moeten lezen!" Al sinds ik jaren geleden Stephen Covey voor het eerst las, probeer ik 'moeten' uit mijn vocabulaire te schrappen. Soms zeg ik nog wel eens "Hey, jij zou eens dit-of-dat moeten doen." maar bijna onmiddellijk gooi ik er achteraan "Nee, je moet juist niks." Bijna alle 'moeten' in je leven is een gevolg van hoe andere mensen willen dat je je leven leidt. Het zijn hun verwachtingen geprojecteerd op jouw leven. Dat kunnen kleine en zelfs leuke dingen zijn (zoals de boeksuggestie), maar het kunnen ook verlammende of beklemmende verwachtingen zijn. Elle Luna omschrijft het prachtig in haar boek 'The Crossroads of Should and Must': "Shoulds are highly influential systems of thought that pressure us". Het wat-van-mij-verwacht-wordt moeten, zeg maar. Wanneer je kiest voor dit soort van moeten, dan kies je ervoor om het leven van een ander te leiden in plaats van je eigen leven. Je kiest voor het voor jou uitgestippelde pad. Dat heeft twee heel grote voordelen: dit pad is redelijk effen en zonder al te veel obstakels.

> **"**Tried to run from it.
> Tried to hide.
> Tried to put it on a train.
> Kicked and smacked it with a blunt shovel.
> Tried to write it off in a big refrain.
> To this day it hasn't gone away,
> it hasn't gone away.**"**
> Triggerfinger

En dan is er dat 'andere moeten'. Dat moeten dat diep in jezelf zit. Dat moeten dat je dingen laat doen, maken, creëren, bouwen,... omdat je niet anders kan. Dat moeten dat nooit compromissen sluit. Het is dat moeten waarvan je jarenlang hebt geprobeerd om het onder een steen te begraven, maar dat toch telkens opnieuw aan je deur komt kloppen. Het sterker-dan-mezelf moeten.

Dat sterker-dan-mezelf moeten reflecteert wie je werkelijk bent, waar je in gelooft en waar je voor staat. Het is het soort moeten dat een reflectie is van je meest authentieke zelf. Elle Luna omschrijft het als volgt: "Must is when we stop conforming to other people's ideals and start connecting to our own — and this allows us to cultivate our full potential as individuals." Dit sterker-dan-mezelf moeten lonkt je weg van het voor jou uitgestippelde pad vol verwachtingen van je omgeving. Dit moeten verleidt je tot een nieuw pad, al door duizenden anderen voor jou bewandeld, maar volkomen onbekend en uniek voor jou. Je hebt geen wegenkaart, je weet zelfs niet of jouw pad wel ergens naartoe leidt. Het ligt vol obstakels, hard werken en twijfels. Er zijn geen garanties voor succes. Maar het is wat je MOET doen. Zonder compromis, zonder onderhandeling.

Het grappige is dat ik mijn missie eigenlijk altijd al geweten heb. Maar ik kon het nooit echt goed definiëren en al helemaal niet in een paar woorden. Het feit dat het mij uiteindelijk gelukt is, heeft mijn leven eenvoudiger, efficiënter en productiever gemaakt. Ik toets elke vraag die ik krijg, elk aanbod dat mijn kant opkomt, elke pitch die binnenkomt, elke opportuniteit die langskomt, af aan mijn missie. Daarom kan ik steeds vaker en steeds consequenter 'Nee' zeggen, omdat ik amper nog verleid word om 'Ja' te zeggen.

> ***If you are not saying 'Hell Yeah'
> about something, say 'No'.*
> Derek Sivers

De subtropische nacht waarop ik besef dat mijn Wat-Ik-Wil Manifest toe is aan een ongeziene upgrade naar een Wat-Ik-Moet Manifest, realiseer ik mij ook dat er geen weg meer terug is.

Daarom dat ik de oefening van Steve Pavlina met jou wil delen zodat ook jij ze kan doen.

En lees dan pas verder in dit boek over wat mijn missie is.

Nee, serieus, doe nu eerst die oefening.

WAAROM LOOP IK HIER ROND?

Wil je weten wat mijn missie is?

Ik ben een 'Explorer of Life'.

Ik haal mijn energie uit de ontdekkingen die ik doe doorheen mijn leven. Die ontdekkingen kunnen komen in de vorm van prachtige mensen die ik leer kennen, onbeschrijfelijke plaatsen die ik bezoek, nieuwe kennis die ik opdoe,…. Een ontdekkingsreiziger is wie ik ben en het is de reden waarom ik op de wereld ben gezet. Dit is wat ik doe wanneer ik even niks wil doen. Dit is wat ik ga doen wanneer ik de dingen uitstel die ik liever niet wil doen.

Ik kan niet anders. Ik ben 'Lien The Explorer'.

"Maar hoe in godsnaam ga je daar nu je boterham mee verdienen?', zegt een stemmetje in mijn hoofd.

DEEL 3

WANNEER JE VOOR JOUW MISSIE KIEST, VERWACHT JE DAN AAN VEEL COMMENTAAR.

VOORAL VAN JEZELF.

We hebben allemaal een reden waarom we hier rondlopen op deze aardbol.

Maar het is aan elk van ons om te beslissen om ermee aan de slag te gaan. Of niet.

"WAT MAG IK JE WENSEN VOOR DIT JAAR?" VEEL DRAMA GRAAG!

Eindelijk ontdekken wat je missie is in dit leven is fantastisch. Eens je weet wat het is, eens je weet wat je echt wil (schrijven, kinderen grootbrengen, dokter zijn,...) is het onmogelijk om dat uit je hoofd te zetten. Eens je ontdekt hebt waarom je op deze wereld rondloopt, is niets nog hetzelfde. Je kan niet gewoon maar wat verder doen en daar dan gelukkig mee zijn. Het ontdekken ervan kan intimiderend, fascinerend en allesverslindend zijn. Er is een voor en een na. Net daarom vermijden we om toe te geven aan onszelf wat we echt willen. Daarom zit onze missie vaak zo diep in ons verborgen, voor maanden, jaren, soms zelfs een heel leven.

Wanneer Annelies mij vraagt "Hoe de f*ck ik er in slaag om elke dag te surfen?" dan stelt ze me eigenlijk niet één maar twee vragen. Ze vraagt

me enerzijds om praktisch advies, om tips en tricks die je leven zo organiseren dat je maximaal tijd vrij kan maken om leuke dingen te doen. Ze wil, net als zovele anderen, een A4'tje met instructies over efficiënt werken, time management, productivity hacks en het soort van tips die je vanaf morgen kan implementeren. Maar de realiteit is dat ik honderden tips kan geven, zonder dat die je vooruit helpen. Je mag jezelf nog zo veel doelen stellen, je mag nog zo veel zoete dromen dromen en je mag nog zo veel apps downloaden om je tijd efficiënt te gebruiken, de realiteit is dat je morgen opnieuw als een slaaf zal werken. Waarom? Omdat deze tips voorbij gaan aan iets wat je veel meer tegenhoudt dan het niet hebben van kennis of kunde.

Je moet ballen hebben. Van staal.

Euh... nee. Ballen zijn gelukkig niet nodig. Maar wat houdt ons dan wel tegen?

De impliciete vraag die Annelies mij stelt, heeft een veel complexer antwoord. Wat ze me vraagt, is hoe ik het heb aangedurfd om mijn leven zo om te bouwen, zodat ik elke dag kan surfen. Want eerlijk, een leven leiden in lijn met je missie doe je alleen maar wanneer je de moed vindt om van je uitgestippelde pad af te stappen. Om daarna ook nog de wilskracht te vinden om niet terug te keren bij het kleinste obstakel dat je pad kruist. Voor ik je vertel waar je moed en wilskracht vandaan kan halen, moet ik eerst wat graven in de psychologie en de biologie van de mens.

Want hoe graag we het ook zouden willen, de realiteit is dat de meesten van ons nooit grote veranderingen in ons leven zullen doorvoeren. Als ras zijn we daar gewoon heel slecht in. We zijn biologisch geprogrammeerd om onszelf iets aan te leren, dat keer op keer te herhalen, totdat het een gewoonte is geworden. Gewoontes vragen veel minder energie dan steeds weer nieuwe vaardigheden ontwikkelen. Dat weet iedereen die ooit met de wagen heeft leren rijden en vandaag bijna op automatische piloot de gas en de rem induwt, navigerend door het centrum van Brussel. Al eeuwenlang bewijzen gewoontes hun nut en ze zijn dan ook een prachtig voorbeeld van evolutie op z'n best. Maar ze hebben een belangrijk nadeel. Gewoontes zijn tegen verandering. Iedereen die al eens zijn eetpatroon heeft proberen te wijzigen en

elke verstokte roker die meerdere pogingen om te stoppen achter de rug heeft, weet het. Onze gewoontes veranderen vraagt om net dat te doen wat we biologisch niet willen: die zuurverdiende gewoontes doorbreken. En daarom is het zo verdomd moeilijk. We zijn gewoonte-diertjes en het is goed om dat te beseffen.

Gewoontes doorbreken doen we pas wanneer er echt voldoende reden voor is. Daarom dat de boeken over hoe je je leven kan veranderen niets meer zijn dan een steeds langer wordende to-dolijst in je boekenkast. Daarom dat de meesten van ons maar wat aanmodderen in lijn met onze gewoontes. We vervelen ons nog liever steendood dan dat we met verandering moeten omgaan. Zelfs al ben je gestresseerd tot op het paniekerige af of weet je diep vanbinnen dat het leven dat je leidt niet het leven is dat je wil, de kans dat jij, na het lezen van dit boek, de keuze zal maken die nodig is om je droomleven te leiden, is nagenoeg nul. Tot zolang de verveling of de pijn niet vervelend of pijnlijk genoeg is, ga je gewoon rustig verder doen zoals je altijd al deed, op je gemakje richting je sterfbed. Denk niet dat jij biologisch anders in elkaar zit dan ik of eender wie op deze planeet.

Maar sommige mensen gooien echt wel hun leven om! Wat is dan wel een voldoende grote reden om te veranderen? De dood recht in de ogen kijken blijkt voor veel mensen een wake-upcall. Een ongeval, een kankerdiagnose, een burn-out, een ontslag, een scheiding, je kind dat ernstig ziek wordt,... Ze doen je grondvesten schudden waardoor je de moed en de wilskracht kan vinden om je leven te veranderen. Wie het meemaakt, zegt achteraf meestal: "Dit is het beste wat mij is kunnen overkomen." Mijn verhaal in dit boek is op dezelfde manier gestart,

de dag dat ik terugkwam van die vakantie in de Ardèche en thuis "op mijn knieën, in de aanblik van die stomme stoelen in vals leder met een schroevendraaier in mijn hand, besef dat mijn leven nooit meer hetzelfde zal zijn."

HELAAS BEN JE NOG NET NIET ONGELUKKIG GENOEG OM IN GANG TE SCHIETEN.

Als jij op dit moment geen duidelijke wake-upcall hebt, sta mij toe om even wat realiteit in je gezicht te gooien. Wanneer je volgend weekend met je vrienden geniet van een gezellig avondje uit, weet dan dat één van jullie vijf zal doodgaan vooraleer hij of zij op pensioen zal gaan. Wie zal het zijn, denk je? Wees er niet zeker van dat jij bij de gelukkigen hoort. Je kansen zijn even klein als die van je vier vrienden rond de tafel.

Weet ook dat bijna iedereen op zijn of haar sterfbed maar van één ding echt spijt heeft… "Dat ik niet gedaan heb wat ik echt graag had willen doen." Daarmee nemen de meesten van ons al onze dromen en al ons potentieel mee in ons graf. Dat ook jij op je sterfbed spijt zal hebben dat je nooit de moed hebt gevonden om te doen wat je hart verlangde, is dus eerder de werkelijkheid dan gewoon een nare droom.

> **"**_Your time is limited, so don't waste it living someone else's life._**"**
> Steve Jobs

Natuurlijk wens ik je geen vroege dood toe, maar besef dat geen enkele gebeurtenis dezelfde kracht en dus hetzelfde blijvende effect heeft dan een verschrikkelijk drama.

Drama's zijn de sterkste katalysators voor verandering.

Met bovenstaande zin heb ik je net de sleutel tot jouw succes gegeven. Want wanneer dit jaar opnieuw zijn gewone gangetje gaat, zal jij

- en alleen jij - de motor zijn voor de verandering waar je zo naar verlangt. Jij kan ervoor kiezen of er dit jaar iets in je leven gebeurt dat als vonkje kan dienen voor verandering. Of niet. De sleutel ligt helemaal in je eigen handen.

Het is zoals die avond op de Love Boat in Melakka, toen ik tegen mezelf fluisterde: "Dit voelt fantastisch en ik wil meer van dit. Laat ik een manier vinden om vaker te reizen en dit te voelen." Het is niet dit fantastische gevoel dat de drijvende kracht zal worden in mijn transitie van werkslaaf naar surfer. Waar de kracht werkelijk in schuilt, is het besluit om dat moment niet zomaar te laten passeren als een fait divers. Ik verplicht mezelf om er bij stil te staan en om ernaar te luisteren. Ik beloof mezelf ernaar te handelen. Dat maakt het Melakka-moment een positieve katalysator voor verandering. Dus wanneer je geen grote drama's meemaakt dit jaar, zoek dan naar jouw Melakka-moment en grijp het met beide handen vast.

WAARSCHUWING: HET VINDEN VAN JOUW TRIBE IS NEFAST VOOR HET BLIJVEN DOEN ALSOF.

Tijdens mijn laatste dagen in George Town stuurt het universum mij een boodschap. Akkoord, de openingszin van deze paragraaf klinkt alsof ik het mentaal een beetje aan het verliezen ben. Maar 'zot zijn doet geen zeer' zegt men. Op slechts enkele dagen tijd kom ik vijf mensen tegen die, los van elkaar, mijn droom leven. Ze vertellen me: "Ik ben niet op reis. Dit is hoe ik leef." De eerste is Fe. Of Fede. Of Federico. Deeltijds een creatieveling en voltijds een reiziger. Hij is al vier jaar onderweg, nergens naartoe. Enkele bedrijven in zijn thuisland Argentinië leveren genoeg inkomen op om zijn levensstijl te financieren. Een paar uur later loop ik toevallig Celine en Xavier tegen het lijf, die samen een fotopresentatie geven in het café waar ik mijn ijskoffie drink. Ze vormen een koppel, komen uit Zwitserland en zijn sinds 2010 met de fiets op reis en nu voor drie maanden neergestreken in George Town. Momenteel nog met z'n tweeën, maar binnenkort met een baby, want Celine is in George Town om te bevallen. Ik vraag haar hoe het voelt om al 3 jaar te reizen. Ze lacht en haar antwoord is klaar en duidelijk: "Wij reizen niet, Lien. Dit is hoe wij

leven. Onderweg zijn is ons leven". Nog diezelfde avond stuurt het universum Brandon naar mijn favoriete en illegale watering hole in een donker achterafsteegje van George Town. Brandon is Amerikaan en -uiteraard- voltijds optimist. Awesome! Amazing! Soooo nice! Waar hij de energie haalt, geen idee. Hij leidt zijn lifestyle-bedrijf vanuit de hostels waar hij logeert. Om middernacht sluit de watering hole en zetten we onze gesprekken verder op de houten pier van de Tanjetty. Charles, ook een Amerikaan, deeltijds sarcast en voltijds vrijbuiter, heeft ons vervoegd. Het wordt één van die nachten die elke reiziger minstens één keer moet meemaken op haar trip. Een mengeling van camaraderie, filosofie, nieuwe inzichten, zelfreflectie en ook wat in je broek pissen van het lachen. Alle onderwerpen passeren de revue en uiteraard bedenken we die nacht een oplossing voor de klimaatproblematiek, de ongelijke verdeling van rijkdom in de wereld en de veel te korte duurtijd van een smartphonebatterij. De typische gesprekken die privileged middle-class people voeren op exotische bestemmingen.

Ons gesprek gaat natuurlijk ook over reizen, de wereld ontdekken en het fenomeen van digitale nomaden. Sinds het boek 'The Four Hour Work Week' van Tim Ferriss in 2007 uitkwam, is er een groeiend aantal mensen die werken van eender welke plek in de wereld, iets wat mij als 'Explorer of Life' ontzettend aantrekt. Het maakt niet uit waar deze digitale nomades zich bevinden. Tot zolang er verbinding met het internet is, kunnen ze werken. "Wat is een reiziger, wat is een toerist en is er een verschil met een nomade?" vraagt Charles. Het is het soort discussie dat je alleen maar in de nachtelijke uren kan hebben ergens op een pier. We komen al snel overeen dat een toerist en een reiziger steeds het doel voor ogen hebben om terug te keren naar een plek die zij 'thuis' noemen. Het moment van terugkeer kan amper een week of 2 in de toekomst liggen, zoals bij een toerist, of maanden en zelfs jaren in de toekomst liggen, zoals bij een reiziger. Een nomade daarentegen beschouwt de wereld als haar 'thuis' en heeft dan ook geen intentie om 'naar huis' terug te keren om daar dan een gevestigd leven te leiden. "Wat ben jij, Brandon?" vraag ik hem. "Een nomade, dat is duidelijk" zegt hij. "En jij, Charles?" "Ook een nomade." "En jij, Lien?" Ik aarzel. Ik ben hier in George Town als een toerist, zoveel is zeker. Binnen 2 weken zal deze Explorer of Life terugvliegen naar huis. Naar Gent, naar mijn appartement, naar 'thuis'.

Terugwandelend naar mijn hotelkamer besef ik dat de ontmoetingen van de voorbije dagen met Fe, met Celine en Xavier, met Brandon en Charles voor mij de deur naar een andere wereld op een kier hebben gezet. Een wereld waarin ik plots mensen ken die mijn dromen aan het leven zijn. Die nu al doen wat ik ook wil doen! Mensen die een levensstijl hebben waarover ik het jaar ervoor had gelezen in een boek op een Keniaans strand en waarvan ik dacht: "Ja, allemaal wel leuk enzo, maar volgens mij is dat niet helemaal realistisch". Mijn missie als Explorer of Life is dus blijkbaar wel haalbaar voor volkomen normale mensen. Normale mensen, zoals ik. Om 3 uur in de ochtend gaan langzaam en voorzichtig mijn ogen open en begint er een klein lichtje te branden. Zou ik mijn persoonlijke missie om een "Explorer of Life" te zijn werkelijk kunnen waarmaken?

Charles en Brandon zijn zonder het te beseffen erin geslaagd de vastgelopen vinylplaat "Voor altijd reizen is een droom en al helemaal voor gewone en hardwerkende mensen" eindelijk af te zetten. Ze toonden mij die nacht dat ik voor altijd een Explorer of Life kan zijn als ik dat echt wil. De dagen erna begint de impact van hun persoonlijke verhalen ten volle tot me door te dringen. "Maar wacht eens. Stel nu. Stel nu dat ik zou kunnen doen waar ik van droom? Stel dat leven als een Explorer of Life voor mij geen droom zou zijn, maar gewoon mijn realiteit. Stel dat dat nu eens kon?!"

En toen ontplofte mijn hoofd!

Mijn Wat-Ik-Wil Manifest gebaseerd op Tim Ferriss zijn Dreamlining had ertoe geleid dat ik mezelf beter begon te kennen. De huiloefening van Steve Pavlina had dan weer geleid tot het vinden van mijn missie. Nu besefte ik plots dat er mensen bestonden die deden wat ik wou doen. En dat dat dus mogelijk was! Opeens voelde ik mij minder alleen op de wereld. Opeens leek mijn droom niet eens zo zot meer. Opeens had ik rolmodellen naar wie ik kon opkijken, aan wie ik vragen kon stellen en die me inspireerden om de volgende stap te zetten en mij toonden hoe dat kon. Het vinden van mijn tribe van mensen die al deden wat ik het allerliefste wou doen, heeft ervoor gezorgd dat ik de volgende stap kon nemen in mijn leven.

Wanneer jij dus hebt ontdekt wat je missie is (indien niet, keer dan snel terug naar het vorige deel!), is de volgende stap om te zoeken naar mensen die al grotendeels doen wat jij doet. Droom jij al sinds je kindertijd om te kunnen leven van je muziek? Omring je dan met enkele professionele muzikanten die de pannen van het dak spelen! Wil je graag je eigen ecologische juwelenlijn in de wereld zetten? Zoek dan welke mensen er achter de meest succesvolle juwelencollecties zitten, contacteer hen en luister naar hun inspirerende verhaal. Zoek naar inspirerende rolmodellen die hun eigen missie waarmaken en vraag hen hoe ze dat in godsnaam klaargespeeld hebben.

VIND JE TRIBE: HOE DAT OOK VOOR SOFIE LEEMANS HET VERSCHIL MAAKT

Sofie Leemans woont in haar huis in Zuid-Afrika, met zicht op de bergen en waar ze elke dag haar goesting doet. Je kon eerder al lezen hoe het Wat-Ik-Wil Manifest haar hielp om haar droomleven duidelijk te krijgen. Maar het waren inspirerende rolmodellen zoals Lien die haar hielpen die droom ook waar te maken.

""Die is gewoon zoals ik en dat is inspirerend. Want als zij het kan, kan ik het ook!" Omdat Lien haar eigen voorbeelden deelt in dit boek en die aansloten op mijn drijfveren en waarden, kreeg ik meteen een rolmodel erbij. Iemand die ook veel reist en in het buitenland woont, dat verhaal resoneerde meteen. Als iemand anders ditzelfde boek had

geschreven maar dan vanuit België, dan had dat voor mij nooit hetzelfde effect gehad.

Lien's boodschap "Hey, doe uw ding, waar ook in de wereld, met wat
voor een bedrijf dan ook" gaf mij een vrijgeleide om ook mijn goesting
te doen.

Want ik heb heel lang als psycholoog het gevoel gehad dat er veel
dingen niet mochten. Je mag niet zeggen dat je met die klanten wel
wil werken, maar niet met die. Je mag ook niet zeggen dat je alleen
maar online wil werken,... Er waren veel belemmerende overtuigingen
bij mij waar ik echt tegen heb moeten vechten om vaker mijn goesting
te kunnen doen. Doordat Lien ook haar eigen weg is gegaan, resoluut
keuzes durfde maken en telkens opnieuw de balans opmaakte van
haar leven, kreeg ik zelf het gevoel dat de ongewone keuzes die ik
maakte oké waren. In eender welke fase je zit van je leven, heb je af
en toe die bevestiging nodig. Je kan dat tegen jezelf zeggen, maar
het helpt gewoon dat je het eens van iemand anders hoort. Door die
bevestiging kon ik makkelijker tegen mezelf zeggen: 'Kom, ik ga dat
wel doen!'

Als je mij zeven jaar geleden had gezegd dat ik een huis in Zuid-Afrika
zou hebben, met zicht op de bergen en dat afbetaald is, dan had ik
eens hard gelachen en je voor zot verklaard. Dat zijn dromen die ik
tijdens het lezen van Get Real helemaal nog niet kon bedenken. Maar
doordat Lien dat allemaal al had doorlopen en beschrijft met eigen
voorbeelden, durfde ik er wel van te dromen. In combinatie met haar
boodschap dat het ook normaal is dat je al eens de mist ingaat, kreeg
ik nog meer rust. Want we zien het falen meestal niet. We spreken
alleen over succes op het einde van het verhaal en al die lelijke dingen in het midden, die tonen we niet. Terwijl dat net het interessante
stuk is. Ik raak geïnspireerd wanneer ik zie dat andere mensen dingen doen, leren, mislukken en toch verdergaan. Want dat geeft mij de
goesting om ook niet op te geven.

Ik herinner me het moment dat mijn relatie stukliep en ik ver weg van
België was. Dat was een periode dat ik mijn keuzes in vraag stelde en
ik me heel alleen voelde. 't Was net in die periode dat ik heel vaak van
mensen in België de reactie kreeg: "Ah ja, een relatie hebben en niet

samenwonen en willen reizen en uw eigen goesting doen, tja dat is om problemen vragen hé." Ik besefte toen dat om mijn goesting te kunnen doen, ik niet alleen mijn eigen belemmerende overtuigingen moest overwinnen, maar ook moest leren omgaan met de overtuigingen van een hele horde mensen die klaarstonden met hun 'We told you so' reacties. Door dit boek te lezen, wist ik dat Lien ook door lastige situaties was gegaan en ook was blijven doorgaan. Zo vermeed ik dat ik tegen mezelf zei: 'Ik zal nu maar terug braaf in dat rijtje gaan lopen, want er is hier iets mislukt.'

Daar liggen de sleutels tot elke dag je goesting doen: een tribe vinden van rolmodellen, je eigen belemmerende overtuigingen kennen en kunnen omgaan met die van de mensen rondom jou. Dit boek gaf me de handleiding om al die dingen succesvol te navigeren en elke dag mijn goesting te doen.

JE DROOM WAARMAKEN? "DAT GELOOFT GE TOCH ZELF NIET!", ZEI ZE.

Zolang ik mij kan herinneren, ben ik er diep vanbinnen van overtuigd dat reizen iets is dat niet kan blijven duren. Dat is niet 'het echte leven'. Elke ochtend opstaan zonder wekker en mijn zin kunnen doen, dat is een prachtige droom. Een droom die misschien tijdelijk een realiteit kan zijn, maar helaas niet blijft duren. Nochtans ben ik opgegroeid in een familie waar reizen, zelfs voor lange tijd heel normaal is. Maar het is ook iets wat je doet voor een tijdje. Het einde van de reis wordt aangekondigd door de steeds verder slinkende bankrekening. Na je reis is het tijd om, al dan niet met veel zin, het gewone leven van werken terug op te pakken. Zelfs in mijn familie is reizen niet iets wat je voor altijd kan doen.

"Explorer of Life? Dat is toch helemaal geen echte job, Lien! Voor altijd op vakantie? Dat kan niet!"

Deze woorden vormen dus al heel mijn leven een continue stroom van steeds weer dezelfde gedachten, tot in den treure herhaald zoals een

vinylplaat die blijft hangen: "DIT KAN NIET. Dit kan JIJ NIET. Dit is NIET MOGELIJK."

Maar ik weet nu al een hele tijd, sinds de oefening van Steve Pavlina, dat reizen en ontdekken echt is wat ik in mijn leven wil doen. Dat de Explorer of Life in mij lang moet reizen om echt gelukkig te zijn. Het is iets wat ik moet doen. Ik voel aan dat er in dat nomadisch bestaan iets op mij ligt te wachten en dat er iets voor mij te vinden is. Wat dat is, geen idee. Hoe ik er mijn boterham mee ga verdienen, weet ik ook niet. Maar ik wil het koste wat het kost ontdekken. Los van hoeveel weken, maanden of jaren dat zal duren.

Ik besef dat er maar één iets is wat me tegenhoudt om mijn levensmissie als Explorer of Life waar te maken. Wat me tegenhoudt, dat ben ikzelf. En ik alleen.

De vinylplaat in mijn hoofd is meer dan 30 jaar lang blijven hangen op dezelfde populaire refreintjes, met "Dit kan jij niet doen!" als aanvoerder van de hitparade. Ik ben mij nooit echt bewust geweest van de steeds wederkerende woorden in de tekst. Maar ze vormen een dwingend refrein in mijn hoofd, terwijl ze niet eens de werkelijkheid reflecteren. Toch luister ik ernaar en zing ik lekker mee. Slaafs volg ik wat de refreintjes mij vertellen, waardoor ik ze onbewust veel macht geef. Ik laat er mij door tegenhouden. Al mijn hele leven lang.

Ik ben er zeker van dat jij ook overtuigingen hebt over wat je kan en wat je niet kan. Jij hebt je eigen hitparade van dwingende refreintjes over wat je mag en wat je niet mag. Ik ben er zelfs zeker van dat jij, net zoals ik, al heel je leven lang naar dezelfde treurige refreintjes luistert

en dat je daardoor al vaak jezelf hebt tegengehouden om te doen wat je echt graag wil.

DE GROOTSTE SPELBREKER DIE ZELFS DE KLEINSTE STAP VERBIEDT: HET TREURIGE REFREINTJE.

Deze refreintjes zijn zo hard in ons hoofd gepompt, dat het meestal zelfs niet in ons opkomt om ze in vraag te stellen. Laat staan dat we begrijpen dat we de mogelijkheid hebben om er niet naar te luisteren. Sommige mensen refereren aan deze refreintjes als 'limiting beliefs', 'de innerlijke criticus' of 'het duiveltje dat op je schouder zit'. Hoe je de refreintjes ook benoemt, het is noodzakelijk dat we beseffen dat de meesten onder ons er een uitgebreide hitparade van hebben. Ze vormen zich van kinds af aan in ons hoofd. Eerst door onze ouders en onze leerkrachten. Daarna door de vrienden die we hebben in onze studententijd. Later door onze partner en door de collega's op het werk. Ook de cultuur van de maatschappij waarin we opgegroeid zijn, heeft een grote invloed op wat we beschouwen als normaal gedrag en wat niet. Al deze invloeden samen creëren het kader waarin jij en ik leven, met geschreven en ongeschreven wetten. En veel meer dan de geschreven wetten in onze maatschappij bepalen de ongeschreven wetten hoe we ons leven leiden en welke keuzes we maken.

Als de 'hitparade van treurige refreintjes' ons tegenhoudt om zoiets fantastisch te doen als onze dromen na te jagen, waarom hebben we die belemmerende refreintjes dan eigenlijk in ons hoofd? Wel, het luisteren naar en meezingen van de refreintjes maakt deel uit van ons instinct. Het instinct dat ervoor zorgt dat we veilig zijn en veilig blijven. Het instinct dat ervoor zorgt dat zo veel mogelijk fysieke en mentale risico's worden vermeden: de pijn van het falen, het verdriet van afgewezen te worden, de teleurstelling van het niet slagen, enzoverder. Mijn treurige refreintje "Voor altijd reizen is een droom die niet voor jou is weggelegd" -in mijn hitparade steevast op nummer 2- is er in de eerste plaats om mij te waarschuwen. Het zorgt ervoor dat ik niet helemaal berooid en eenzaam dood zal gaan. Het beschermt mij tegen uitsluiting door mijn familie en vrienden. Het herinnert mij er constant aan dat net dat hetgene is wat zal gebeuren als ik voor altijd ga blijven reizen.

> **"And does it make you feel good.
> Knowing that you could.
> Have power on me."**
> Katey B.

Ontdekken welke treurige refreintjes er in onze eigen hitparade staan, brengt ons dichter bij het idee dat we onze missie kunnen vervullen als we dat echt willen. Ook jij hebt net zoals ik een hitparade. Welke nummers staan al jaren steevast in jouw Top 3?

ER IS NIET ÉÉN REFREINTJE MAAR EEN HELE HITPARADE.

"Ik kan dat niet."

"Iedereen gaat mij uitlachen!"

"Ik ben niet goed genoeg."

"Mijn kinderen gaan denken dat ik gek ben geworden."

"Ik ga berooid achterblijven."

"Ik ga berooid EN alleen achterblijven."

"Wat als ik berooid EN alleen EN door iedereen verguisd achterblijf?"

> *I've been worryin' that my time is a little unclear.*
> *I've been worryin' that I'm losing*
> *the ones I hold dear.*
> *I've been worrying that we all live our lives*
> *in the confines of fear.*
> Ben Howard

Ontdek je eigen hitparade van treurige refreintjes. Doe volop aan catastrofedenken tijdens de volgende oefening....

MIJN HITPARADE VAN CATASTROF

Het dubbelzinnige aan onze hitparade van treurige refreintjes is dat deze in de allereerste plaats de bedoeling heeft om ons te beschermen. Op heel overtuigende wijze voorkomen de refreintjes dat we onnodige risico's nemen. Daarom lijkt het op het eerste gezicht alsof de refreintjes het goed voorhebben met ons.

Echter, diezelfde refreintjes laten geen enkele ruimte voor nuance: "Ik kan dat niet" of "Iedereen gaat mij uitlachen" zijn niet meteen genuanceerde uitspraken. Er is geen grijs, zelfs geen wit, maar enkel pikzwart.

Het resultaat? We verlammen. We blijven stokstijf staan. We doen niets. Alleen al het idee om iets te doen dat buiten ons uitgestippelde pad ligt, doet ons onbewust maar vol op de rem staan. "Nee, deze droom is niet voor mij weggelegd", denken we. Wanneer we gehoorzamen, nemen we dus minder risico's.

Maar waar de refreintjes niet mee bezig zijn, is het feit of we een leven vol voldoening leiden of niet. Ze zijn niet geïnteresseerd in het feit dat we de bijdrage leveren die we kunnen leveren tijdens ons leven of niet. Ze zijn niet geïnteresseerd in het realiseren van onze missie. De refreintjes willen ons houden daar waar het veilig is. Daar op het voor ons uitgestippelde pad. Daar waar iedereen zich bevindt.

DRIE STRATEGIEËN OM MET CATASTROFEDENKEN OM TE GAAN: SIMPELWEG NEGEREN HOORT ER NIET BIJ.

Zou het niet zalig zijn mochten we die treurige refreintjes gewoon kunnen uitzetten? Absoluut! Maar helaas, de hitparade staat op infinite repeat en er is jammer genoeg geen stopknop. Dan maar negeren? Opnieuw helaas! Deze strategie werpt ook weinig vruchten af. Onze hitparade van treurige refreintjes is geschreven door de beste songschrijvers ter wereld. Ze zijn één voor één ware oorwurmen. Dus vergeet het maar dat je die kan negeren. Eens ze in je hoofd zitten, blijf je hardnekkig meezingen, of je dat nu wil of niet. De vinylplaat uitzetten

of de refreintjes simpelweg negeren, werkt niet. Maar hoe kan je dan best omgaan met dat catastrofedenken in je hoofd?

Gelukkig bestaan er een paar strategieën die je wél kunnen helpen om om te gaan met de doemscenario's die zo levendig in de refreintjes worden bezongen. Ik gebruik er zelf een drietal en wissel ze onderling met elkaar af, afhankelijk van de catastrophe. Ik raad je dus aan om ermee te experimenteren en zo te ontdekken welke voor jou het meest effectief zijn.

De eerste strategie is er eentje die ik geleerd heb door veel te reizen. Ik noem het 'De Onwaarschijnlijkheidsstrategie': ik realiseer mij dat het zeer onwaarschijnlijk is dat het doemscenario beschreven in het refreintje ook effectief werkelijkheid zal worden.

> **"***I am an old man and have known a great many troubles, but most of them never happened.***"**
> Mark Twain

Net als Mark Twain heb ook ik tientallen doemscenario's in mijn hoofd: over reizen, liefde, werken, relaties, gezondheid, geld,... You name it, en ik heb er wel al eens een refreintje over. Maar ik moet vaststellen dat er nog geen enkele (wel, misschien eentje dan, waarover later meer) realiteit is geworden. De kans dat tussen alle mogelijke uitkomsten net het doemscenario zal uitkomen, is zeer, zeer klein. Geloof je me niet? Neem er dan nog eens die cursus kansberekening bij. Straffer nog, de moeilijke gebeurtenissen in mijn leven die ik wel al heb meegemaakt, daar had ik dan weer helemaal geen refreintjes over...

Mijn Onwaarschijnlijkheidsstrategie werkt vaak prima voor mij, maar blijkbaar niet voor Tim Ferriss. Zijn strategie om om te gaan met zijn catastrofedenken is de tweede die je kan inzetten. Ik noem het 'De Noodplanstrategie'. Daarbij brengt Tim zijn doemscenario's nog een stapje verder: hij maakt een noodplan over wat hij kan doen wanneer het doemscenario effectief werkelijkheid wordt. Dat laat hem twee

dingen inzien. Ten eerste weet hij, wanneer zijn ergste nachtmerrie werkelijkheid zou worden, hoe hij alsnog de boel zal kunnen recht-trekken. Ten tweede blijkt meestal dat dat makkelijker en sneller recht te trekken valt dan zijn treurige refreintje hem wou doen geloven. Op deze manier aan catastrofedenken doen, geeft hem het vertrouwen dat hij er wel mee zal kunnen omgaan mocht het ooit zo ver komen. Hij is er trouwens ook van overtuigd dat hetgeen wat we echt moeten doen in ons leven, waar we voorbestemd voor zijn, net datgene is waar we de meeste doemscenario's over ontwikkelen en dus het meeste schrik voor hebben. Onnodig om te zeggen dat Tim een getrainde ca-tastrofedenker is.

Ook Tara Mohr, de auteur van 'Playing Big', bevestigt dat wanneer we stappen zetten om grootse dingen te doen, we het meeste angst voe-len. De doemscenario's schieten dan als paddenstoelen uit de grond. Zij reikt je een derde strategie aan om ermee om te gaan, namelijk de Ik-Doe-Het-Alsnog-strategie. Ze adviseert om te luisteren naar wat het refreintje je te vertellen heeft, maar er niet naar te handelen. Het doel van haar strategie is niet om komaf te maken met het refreintje -want dat lukt toch niet- maar wel om te leren de refreintjes te herkennen wanneer ze spelen in je hoofd. Om daarna te erkennen dat het niet meer dan je gedachten zijn. Gedachten die niet je handelen hoeven te bepalen.

WANNEER JOUW CATASTROFEDENKEN ZICH VERMOMT ALS EXCUSES.

Soms kan het zijn dat jouw catastrofedenken zich vermomt als een excuus. Toevallig ken ik de 2 meest gemaakte excuses om toch niet je dromen na te jagen.

Het eerste is geld. Of het gebrek eraan.

Mocht ik een euro krijgen voor elke keer dat ik "Ik heb geen geld" hoor als de reden waarom iemand zijn of haar dromen niet waarmaakt, ik zou zelf nooit meer moeten piekeren over geld. Nochtans is "Ik heb geen geld" eerder angst vermomd als een ideaal excuus om verder

niks te doen. Het is een doemscenario in je hoofd, gepresenteerd als een feit en je hebt gekozen om je erdoor te laten leiden. Natuurlijk heb je geld, je hebt dit boek kunnen kopen! Keer dus terug naar het stukje hierboven over omgaan met catastrofedenken. Ook als "Niemand gaat mij betalen om mijn dromen te realiseren" door je hoofd spookt, keer dan terug. Het zijn beiden doemscenario's vermomd als excuses. Deal with it! Je weet hoe. Ga niet langs Start, je krijgt geen geld.

Wat hoor ik nog vaak?

"Ik heb geen tijd"

Opnieuw, dit is angst vermomd als een ideaal excuus om verder niks te doen. Het is een doemscenario, gepresenteerd als een feit. Natuurlijk heb je tijd, je bent immers dit boek aan het lezen! "Ik doe het wanneer de kinderen in bed liggen", "Ik doe het wanneer ik op pensioen ben", "Ik doe het wanneer …." Face it! Het gaat niet gebeuren, tenzij jij zorgt dat het gebeurt!

Want ook al heb je zogezegd geen tijd, door het meebrullen van je 'hitparade van treurige refreintjes' ben je je tijd wel volop aan het verspillen. Keer dus opnieuw terug naar het stukje hierboven over omgaan met je catastrofedenken.

Toen de eerste versie van dit boek bij enkele testlezers kwam, kreeg ik een aantal bedenkingen terug die ik de voorbije jaren vaak heb gehoord, in verschillende versies en op verschillende plaatsen: ik hoor ze weerklinken in Zeker Van Haar Zaak, mijn netwerk voor vrouwelijke ondernemers, ik krijg ze als feedback wanneer ik mijn verhaal vertel op

een podium en ik ben er zeker van dat ze ook bij jou al door je hoofd hebben gespookt tijdens het lezen van dit boek:

- Ja, interessant, maar mijn leven is veel ingewikkelder dan dat van jou, Lien!
- Ja, inspirerend, maar jij hebt wel geen partner/gezin/kinderen waar je rekening mee moet houden
- Ja, maar niet iedereen kan zomaar eventjes zijn ontslag indienen, hé
- Ja, maar ik heb geen economische achtergrond / startkapitaal / ondernemerservaring zoals jij

Ik weet zeker dat de bedenkingen hierboven ook bedenkingen zijn die jij maakt. Ik begrijp maar al te best dat een gebrek aan geld, tijd, kennis of eender welk ander excuus door je hoofd spookt wanneer je besluit je dromen waar te maken. Maar ondertussen weet je ook dat we aan catastrofedenken doen en je kent ook drie strategieën om ermee om te gaan:

- De Onwaarschijnlijkheidsstrategie
- De Noodplanstrategie
- De Ik-Doe-Alsnog-Verder-Strategie

Er is echter nog een vierde strategie die je kan helpen om te gaan met het catastrofedenken in je hoofd: het herformuleren van je doemscenario tot een vraag. In plaats van het statement "Ik heb geen geld" tot in den treure te herhalen, kan je het omvormen tot de vraag "Hoe kan ik geld verdienen met mijn missie?" Het is een constructieve en open vraag waar je iets mee kan. "Hoe kan ik tijd maken voor mijn missie?" is net hetzelfde. En met deze constructieve vragen kan je wat aanvangen.

Ik weet dat er doemscenario's door jouw hoofd spoken en ik weet zeker dat die in jouw ogen werkelijkheid zijn. Ik ben ervan overtuigd dat jouw leven complex in elkaar zit en dat je denkt dat je niet de juiste vaardigheden, de nodige kennis of het juiste netwerk hebt. Ik geloof dat allemaal.

Maar weet je wat?

Ik dacht dat ook over mezelf.

Sterker nog: het was de waarheid: ik had niet de kennis in huis, ik had niet het netwerk, ik had niet genoeg geld en ik wist gewoonweg niet waar ik aan begon toen ik dat allereerste Wat-Ik-Wil Manifest schreef in 2011. En toch deed ik het. Ik veegde mijn tranen weg en ik deed er iets aan. Hoe hard het ook mag klinken, niemand is geïnteresseerd in een verhaal over waarom jij iets niet kan doen. We hebben die verhalen allemaal al duizend keer gehoord en ze zijn niet bijster interessant. Mocht dit boek gaan over allerlei excuses die ik aanhaal om toch maar niet mijn missie als Explorer of Life te vervullen, dan zou jij het allicht ook niet aan het lezen zijn.

GEBRUIK JOUW CATASTROFEDENKEN NIET ALS EXCUUS, MAAR DOE ZOALS LEZERES LIESELOT

Lieselot Geeregat was één van de eerste lezers van het boek die me zei: 'Ik kan dit concept van goestendoenderij in een totaal andere setting creëren!' Lieselot en ik kunnen niet meer verschillend zijn van mekaar en toch zijn we in essentie exact hetzelfde. Zij staarde zich niet blind op de verschillen die er -aan de oppervlakte- tussen ons waren, maar begreep onmiddellijk de kern van mijn boodschap. Namelijk dat iedereen elke dag zijn of haar goesting kan doen.

"Dit boek heeft me geholpen om in te zien dat elke dag je goesting doen niet draait om wonen onder een palmboom, zoals Lien, maar dat je je eigen droomleven moet creëren. Dat je voor jezelf moet ontdekken wat belangrijk is en waar je wil dat jouw leven om draait. Voor mij is de kern van alles mijn mama-zijn. Hoe ik mijn leven inricht en dus ook mijn ondernemerschap wordt daardoor bepaald.

Toen ik het boek las, zei mijn man: 'Waarom wil je op reis? Waarom lees je het boek van zo een nomade?' Maar het triggerde mij, omdat ik mij herkende in het rebelse van Lien. Enerzijds had de rebel in mij allerlei excuses toen ik het boek las, genre: 'Ja, maar dat gaat niet voor jou, je hebt je kinderen, je hebt je huis, een freedompreneur is iemand die de wereld rondreist met een laptopke en overal gewoon zijn goesting

doet'. Maar anderzijds was de rebel in mij ook uitgedaagd. Ik wou bewijzen dat je ook een freedompreneur kan zijn als je een totaal ander plaatje wil. Want dicht bij mijn gezin zijn, dat is mijn vrijheid. Gewoon zeggen: 'Kom gasten, wij hier, met ons vieren, we gaan gewoon samen iets leuk doen en de wereld kan de boom in. Wij gaan doen waar we gelukkig van worden!'

Het best mogelijke leven creëren voor je gezin, met een bedrijf dat dat kan ondersteunen, dat is voor mij wat freedompreneurship is."

EEN GEVREESDE CATASTROFE WERKELIJKHEID ZIEN WORDEN IN THAILAND, HOE VOELDE DAT?

Er zijn mensen die beweren dat ik een avontuurlijk type ben. Of dat klopt, hangt af van de definitie die je gebruikt. Ik ben niet bang om er al eens alleen op uit te trekken, ook naar plaatsen die je niet meteen in de categorie Standaard Reisbestemming vindt. Ik slaap daar dan al eens in een hut met kakkerlakken en ik eet daar dan al eens iets wat wij als een huisdier zouden categoriseren, maar veel zotter dan dat wordt het meestal niet.

In 2012 onderneem ik in het noorden van Thailand een reis die zelfs ik als avontuurlijk beschouw. Met een aftandse scooter ga ik helemaal alleen een meerdaagse roadtrip maken. Mijn avontuur wordt voorafgegaan door heel wat doemscenario's die door mijn hoofd spoken in de vorm van twijfels (moet dat nu écht?), angst (ik ga toch niet overvallen worden?), en simpelweg mijn verstand dat nee zegt. Maar zoals je al weet, laat ik mij natuurlijk niet tegenhouden door een gebrek aan ervaring, kennis of catastrofedenken.

Maar door veel te reizen heb ik mogen ervaren dat zelfs wanneer doemscenario's werkelijkheid worden, alles meestal wel weer in orde komt. Platte band met de brommer? No stress, we passeren wel een mecanicien. Geen hotel geboekt? Er is altijd wel een plek om te slapen. Zonder benzine gevallen? Geen nood, er verkoopt iemand een liter aan de overkant. Na zo'n dingen meegemaakt te hebben, kan je niet anders dan concluderen dat alles meestal wel in orde komt.

Ik mag van geluk spreken dat ik die les al geleerd heb op het moment dat ik met mijn smikkel over de hete Thaise asfalt schuur en mijn scooter bovenop mij tot stilstand komt. Een fantastisch koppel stopt, Sakba en Mew en nemen me mee naar hun gigantische bananenplantage in de prachtige bergen. Daar doen ze wat Thai het best kunnen: glimlachen, mij verzorgen, mij eten geven en ervoor zorgen dat ik alleen maar kan denken: "Alles komt altijd in orde."

WAT ALS JOUW CATASTROFE EEN Y2K BLIJKT TE ZIJN: DE KRACHT VAN HET 'BEST-CASE SCENARIO'.

Stel je eens voor in wat voor een wereld we zouden leven als we allemaal onze eigen 'hitparade van treurige refreintjes' zouden aanhoren, om dan alsnog doodleuk verder te bouwen aan onze missie. Stel je eens voor wat er mogelijk zou zijn wanneer je vandaag zou stoppen met datgene te doen dat je tot in den treure verveelt. Stel je eens voor welk uniek pad jij ondertussen in je leven gevolgd had, mocht je jouw catastrofedenken niet toegelaten hebben om je te dwarsbomen. Stel je eens voor.

In mijn hitparade staat steevast op nummer 2 het liedje "Voor altijd reizen is een droom". Het is heel mijn leven één van mijn favoriete meezingers geweest. Mijn instinct, dat mij met de beste bedoelingen wou beschermen tegen allerlei doemscenario's, had jaren geleden al de tekst geschreven. Tot ik begon in te zien dat dit refreintje mij keihard tegenhield om mijn dromen waar te maken. Ondertussen weet ik dat ik gerust keihard kan meebrullen met dit liedje, maar dat ik er niet naar hoef te handelen. Het is gewoon maar een stom liedje in mijn hoofd. Een stom, nietszeggend liedje.

De bevrijding die ik voelde toen ik voor het eerst dat refreintje hoorde zonder er slaafs naar te luisteren, was overweldigend! Er ging -letterlijk- een heel nieuwe wereld voor mij open. Wat zeg ik? Mijn hoofd ontplofte! Weeral! Ik haalde mijn dikste middelvinger boven en zei: "Fuck off".

De overtuiging dat ik niet zou kunnen reizen voor de rest van mijn leven, had mij tegengehouden om te doen wat ik echt wou doen, wat ik echt moest doen... een Explorer of Life zijn.

En nu was ik helemaal klaar met mijn excuses!

NIET DOEN ZOALS DE REST. CASE STUDY VAN SOFIE VAN VEIRDEGEM

Ze is de meest niet-conforme persoon en onderneemster die ik ken. Ze loopt niet mee met de hoop en heeft daar ook geen behoefte aan. Ze breekt elke regel van elk business boek. En ze is een van de meest succesvolle freedompreneurs die ik ken. Ik introduceer je graag aan Sofie Van Veirdegem.

"Als het over mijn meest zichtbare, niet-conformisme als ondernemer gaat, dan denk ik dat het feit dat ik geen website of geen professioneel e-mailadres heb voor de meeste mensen onbegrijpelijk is. Niet dat ik mij verstop of zo, maar ik wil nu ook niet de meest zichtbare persoon zijn. Sociale media en dat streven naar likes of de drang om leuk gevonden te worden, daar ben ik niet mee bezig.

Ik kan ook niet samenwerken. Dus een team uitbouwen of een business partner hebben, is voor mij de hel. Ik kan dat niet. Mensen zeggen dat je geduldiger en verdraagzamer wordt met ouder worden en dan antwoord ik: "Ik niet. Ik haat samenwerken." Ik heb het geprobeerd maar het is niet voor mij.

Daarnaast vind ik mezelf ook wel lui. Alle dingen die ik niet tof vind, probeer ik niet te doen. Dat merk ik ook in alle gesprekken die ik voer… ik ben alleen maar bezig met het zo gemakkelijk mogelijk hebben, in het hier en nu." (Bedenking van Lien: Ik denk niet dat Sofie lui is. Ik denk dat ze efficiënt is en gewoon heel goed weet wat bij haar past en wat niet).

"Ik heb ook geen lange termijnplan en denk niet dat ik heel strategisch ben, omdat ik heel reactief ben… Wat qua werk naar mij toekomt, dat laat ik naar mij toekomen en daar reageer ik dan op. Ook dat is heel non-conform, want volgens alle business boeken moet je strategisch en proactief nadenken -niet gewoon alles aanpakken waar je goesting in hebt-, je moet een niche kiezen, een website hebben, zichtbaar

zijn,... Als het gaat over alle regeltjes van de klassieke business boeken te breken, denk ik dat ik ze zowat allemaal breek.

Daarom vind ik het ook zeer moeilijk om te netwerken. Als mensen mij vragen: 'Wat doe jij eigenlijk?" dan is het meest eerlijke antwoord: "Eigenlijk alles wat ze me vragen, als het in mijn kraam past". Voor veel mensen is dat zeer moeilijk te begrijpen, omdat dat niet zo grijpbaar of tastbaar is. Dus ja, mensen snappen dat niet.

Het gevolg van al dat non-conformisme is dat ik het heel lang heel moeilijk vond om mezelf een ondernemer te voelen. Door dit boek -en ook door in de business school van Lien te stappen- is voor mij gebleken dat ik niet onderneem volgens het boekje, maar dat ik wel gewoon elke dag mijn goesting kan doen en dit dankzij mijn bedrijf.

DEEL 4

'DOE MAAR GEWOON'.

WAAROM HET ZO
MOEILIJK IS
OM VOOR JE DROMEN
TE GAAN.

Op het moment dat ik "Fuck Off" riep tegen enkele treurige liedjes in mijn hoofd, had ik nog geen enkel idee hoe ik een Explorer of Life zou kunnen zijn of wat de stappen zouden zijn die ik zou moeten nemen. Maar ik was hoopvol, want er bestonden mensen van vlees en bloed die al jaren deden wat ik wou. En ik kende hen! Ik had rolmodellen die mij toonden wat er allemaal mogelijk was. Ok, ze hebben allicht hun eigen refreintjes en hun pad was ook niet hetzelfde als mijn unieke pad, maar ik zou wel van hen kunnen leren.

Ik had tegen die tijd ook al wat mogen proeven van wat het zou betekenen om mijn dromen waar te maken. De zoete nasmaak zat nog altijd in mijn mond. De vraag was nu alleen nog: hoe ga ik dat in godsnaam waarmaken? Een paar praktische bezwaren stonden in de weg: mijn bloeiend consultancybedrijf met fantastische klanten, langlopende projecten, wijze werknemers en een prachtig kantoor; mijn 2 hypotheken die ik nog meer dan 20 jaar moest afbetalen en al mijn vele hebbedingetjes die ik jarenlang rondom mij had verzameld. Naast al die praktische bezwaren was er nog iets veel belangrijkers dat ik niet kon negeren... Ik vroeg mij af waar ik de moed ging vinden om de moeilijke keuzes te maken die allicht op mijn unieke pad zouden komen. Met hoeveel weerstand in mijn omgeving zou ik te maken krijgen? Hoeveel limiting beliefs van de mensen rondom mij zou ik moeten doorbreken?

Ik had dus nog het een en ander uit te vissen toen ik in 2013 de grens met Vietnam overstak.

DOE MAAR GEWOON
DOE MAAR GEWOON
DOE MAAR GEWOON
DOE MAAR GEWOON
DOE MAAR GEWOON
DOE MAAR GEWOON
DOE MAAR GEWOON
DOE MAAR GEWOON

LEZERES LIESELOT BLEEF NIET OP HET PADJE LOPEN. HAAR CASE STUDY...

Toch je goesting doen, ook al lijkt iedereen in jouw omgeving daar tegen te zijn. Hoe doe je dat? Lieselot Geeregat en haar man zijn allebei freedompreneurs, maar komen uit een omgeving waar daar heel kritisch naar gekeken wordt.

"Mijn omgeving heeft ons altijd ingeprent om carrière, carrière, carrière na te jagen. Mijn man en ik knikten dan altijd en deden dan toch ons goesting. Maar dat was altijd wat in het geniep, want onze omgeving ondersteunde ons daar niet in. Dit jaar hebben we eindelijk tegen mijn schoonouders durven zeggen: "Jullie hebben er nooit in geloofd dat wij onze goesting konden doen. Jullie vonden het raar dat wij wel geloofden in hetgeen dat we wilden doen, en dat wij wel het risico wilden nemen om gelukkig te zijn." Hun antwoord? "Inderdaad, dat is waar." Ze hebben dat kunnen toegeven en ondertussen hebben ze bewondering voor wat wij gedaan hebben en elke dag opnieuw doen.

Maar het heeft jaren geduurd voor we die erkenning kregen van hen. Dat was vooral lastig in de periodes waarin alles nog heel onzeker was. Ik heb toen nooit mijn angsten kunnen tonen aan mijn familie. Ik was ondertussen al wel goed omringd door mensen die ik had leren kennen dankzij dit boek en de business school van Lien. Ik had daardoor wel echt mensen rond mij bij wie ik terechtkon. Dat heeft mij gesterkt.

Naast het vinden van een tribe van gelijkgestemden, heeft ook mijn koppigheid mij al vaak door lastige periodes getrokken. Ik denk vaak: 'Ik ga u dat nekeer tonen dat dat hier wel gaat lukken!'. Dat is al heel mijn leven zo. Als iemand zegt dat ik iets moet doen, ga ik altijd het omgekeerde doen. Ik laat me graag uitdagen.

Daarnaast heb ik ook het geluk dat mijn man en ik elkaar altijd gesteund hebben. Toen ik mijn zaak nog moest opstarten, had mijn man een managersfunctie, waardoor er geld genoeg was om die start te kunnen maken. Na een tijdje begon mijn zaak te draaien en kreeg mijn man onverwacht zijn ontslag. Maar we zagen dat als een opportuniteit. Ik kon met mijn zaak de financiën regelen dus we konden zeggen:

'Komaan, jij wordt nu ook zelfstandige. We gaan dat hier gewoon doen en we zien wel!' We zijn altijd al zo geweest. We hebben samen al veel tegen de stroom ingezwommen in ons leven. We hebben al veel weerstand gehad. Maar we hebben altijd gedacht: 'Hey gasten, wij doen ons eigen ding. Zowel in ons leven, als in ons bedrijf.'

Mensen vinden dat nog altijd raar. Ze denken ofwel dat het kassa-kassa is, want je bent ondernemer. Of ze denken dat wij altijd maar moeten werken. Ik knik dan en laat mensen denken wat ze maar willen. Ik heb niet de behoefte om hun eigen overtuigingen te weerleggen. Want als je dat probeert... ze snappen dat gewoon niet. In hun wereld werkt een ondernemer keihard, gaat die failliet, of zit die aan de drank om zijn miserie te vergeten. Dat zijn de beelden die mensen in mijn omgeving hebben van ondernemers.

Daarom dat het zo belangrijk is om een tribe rondom jou te bouwen van niet alleen ondernemers, maar vooral van freedompreneurs. Mijn man en ik hadden het er gisteren nog over... Wij ondernemen op een andere manier en we tonen dat ook steeds meer. We tonen dat het anders kan. Dat je niet hoeft te ploeteren en dat je niet ongelukkig hoeft te zijn en dat je niet een winkel moet beginnen en dat je niet al die standaard dingen moet doen als je dat niet wil. Je kan elke dag je goesting doen en tegelijkertijd heel succesvol zijn als ondernemer.

DIE DROOM ELKE DAG OPNIEUW BELEVEN BLIJKT VERDOMD MOEILIJK TE ZIJN.

Doen of niet? Springen of toch maar niet? Die allesoverheersende missie najagen of niet? Het feit is dat de meeste mensen het niet zullen doen. "Most people will choose unhappiness over uncertainty" schrijft Tim Ferriss en hij heeft verdraaid gelijk! Onzekerheid om een nieuw pad te bewandelen en de angst om te falen eens we op weg zijn, zijn vaak groter dan onze moed om af te wijken van ons uitgestippelde pad en onze wilskracht om te blijven doorwandelen. Dat jij dit boek leest, betekent dat jij ergens diep vanbinnen voelt dat het tijd is om voor jouw missie te gaan. Je voelt al een tijdje dat je geen andere keuze meer hebt, er is geen compromis meer. Je gaat springen en je

eigen unieke pad bewandelen. Het simpele feit dat je die beslissing genomen hebt, maakt van jou de uitzondering op de regel. De consequentie is dat je jezelf wat in een apart hoekje zet en dat je je daarvoor zal moeten verantwoorden. Je hebt eindelijk de moed gevonden om voluit (of toch al een beetje) voor je missie te gaan, maar nu zal je ook nog de wilskracht moeten opbouwen om door te blijven wandelen. Want mijn ervaring zegt dat je je keuze zal moeten verantwoorden. Keer op keer op keer. En dan nog een keer of 100.

Toen ik wist dat ik een Explorer of Life was, dat dat mijn unieke missie was, restten er nog 2 eenvoudige vragen: hoe ga ik dat in godsnaam waarmaken en hoe ga ik daar in godsnaam van leven? Tientallen praktische bezwaren stonden in de weg. Maar er was nog iets veel belangrijkers dat ik niet kon negeren... Waar ga ik de moed vinden om de keuzes te maken die nodig zijn om te doen wat ik graag wil doen, wat ik moet doen? En waar ga ik de wilskracht vinden om door te zetten als het moeilijk wordt?

Als ondernemer heb ik al honderden artikels en boeken gelezen over omgaan met angst en het nemen van risico's. Iedereen zegt dat risico's allemaal minder griezelig zijn eens we ze genomen hebben. Net daar zit de Catch-22. Om te weten dat het allemaal zo eng niet is, moet je een eerste stap zetten. Maar om dat te durven doen, wil je vooraf weten of de weg wel ergens naartoe leidt. Dat schiet natuurlijk niet op. Wat we vaak vergeten, is dat eens we afslaan en we blijken dat pad toch maar niks te vinden, we gewoon weer terug kunnen stappen. Het is maar zelden zo dat we het verlaten pad achter ons gedynamiteerd hebben. Het is maar zelden dat je "het allemaal weggesmeten hebt".

Meestal kan je je vorige leven weer oppikken waar je het achtergelaten hebt en dat zonder al te veel moeite.

Maar oh, ironie! De kans is reëel dat eens je op jouw unieke pad gewandeld hebt, je helemaal geen zin meer zal hebben om terug te keren. You start marching to your own drum. Iedereen die ooit een job opgezegd heeft om zijn of haar eigen zaak te starten, zal dit beamen: "Ik wil nooit nog voor een baas werken" Eens je de zoete smaak hebt geproefd van het bewandelen van je eigen unieke pad, is het onmogelijk om naar je bittere verleden terug te keren.

DE MEEST OVERSCHATTE KARAKTERTREK BIJ HET KIEZEN VOOR JE DROOM: MOED.

Moed is voor mij zoals de zwarte doos van een vliegtuig. Het is moeilijk om het concept vast te grijpen, laat staan het goed te bevatten. We zeggen dat iemand moed heeft wanneer die persoon iets doet wat we zelf niet durven. We hebben allemaal voorbeelden van mensen die we moedig vinden. Voor mij persoonlijk betekent moed iets doen wat je nog niet eerder gedaan hebt en waarvan je vooraf niet met zekerheid de uitkomst kent. Je bent dus het moedigst wanneer je nieuwe dingen aanleert of vaardigheden ontwikkelt, omdat je vooraf niet weet of je ze zal kunnen, of je er wat mee kan aanvangen en of ze nuttig blijken te zijn. Kinderen zijn daarom de moedigsten van ons allemaal. Wie ooit een kind van een skipiste heeft zien vlammen, weet wat ik bedoel. Kinderen lijken geen angst te hebben. Ze leren fietsen zonder wieltjes, ook al weten ze vooraf niet of ze recht gaan blijven dan wel tegen het asfalt gaan knallen. Ze leren praten, ook al weten ze niet hoe grammatica in elkaar zit en of ze ooit zinsconstructies tot een goed eind gaan kunnen brengen. Lukt het niet om van de eerste keer rechtop te lopen wanneer ze dat kruipen eindelijk beu zijn, niet erg, probeer nog een keer! Als maatschappij stimuleren we massaal dit leerproces. We moedigen (daar is het woord 'moed' weer) hen aan om risico's te nemen, we helpen hen erbij en we applaudisseren bij elke poging die ze ondernemen.

En dan op een bepaald moment is dat allemaal voorbij.

Ergens in onze tienerjaren verdwijnen de aanmoedigingen en het applaus wanneer we risico's nemen. Sterker nog, hoe ouder we worden, hoe intoleranter we met z'n allen worden voor risico's. Risico's zijn niet langer iets noodzakelijks in ons proces van groeien en ontwikkelen, maar iets wat zo veel mogelijk moet vermeden worden. Opeens staat er 'te veel op het spel', valt er 'te veel te verliezen'. Dat vertellen we elkaar en dat vertellen we onszelf. Dit is allicht het meest hardnekkige refreintje in de hitparade van de Europese maatschappij waarin we leven. Wanneer je voor je dromen kiest, zal je niet alleen moeten leren omgaan met je eigen refreintjes, maar ook met die van de mensen rondom jou.

Maar naast het afleren van het nemen van risico's gebeurt er nog iets anders in onze tienerjaren. We vergeten het plezier en de voldoening dat gekoppeld is aan iets voor de eerste keer proberen of in iets voor de eerste keer slagen na heel veel proberen. Nochtans geeft er niets zo veel sensatie dan voor het eerst iets doen waar je een tikkeltje bang voor bent. Achteraf zal je meestal zeggen: "Ik ben blij dat ik het gedaan heb" Je was zenuwachtig en zelfs een beetje bang, maar toch heb je het gedaan.

> "WE VERGETEN HET PLEZIER EN DE VOLDOENING DAT GEKOPPELD IS AAN IETS VOOR DE EERSTE KEER PROBEREN OF IN IETS VOOR DE EERSTE KEER SLAGEN NA HEEL VEEL PROBEREN."

Telkens wanneer je iets doet waarvan je vooraf niet weet wat de uitkomst zal zijn, heb je moed nodig. Ergens binnenin jezelf moet je de kracht vinden om dat nieuwe ding te doen. Moed is daarom iets heel persoonlijks: wat jij moedig vindt bij iemand ("Dat zou ik nooit durven"), is voor die andere persoon misschien heel gewoon. Wat voor jou iets heel gewoons is om te doen ("Dat is toch normaal!"), vinden anderen heel moedig van jou.

"DO SOMETHING EVERY DAY THAT SCARES YOU" IS HET SLECHTSTE ADVIES OOIT.

"Doe elke dag iets waar je bang voor bent" zegt de bekende quote. Iets doen waar je bang voor bent, betekent voor sommige waaghalzen zonder zuurstoffles zo diep mogelijk in de oceaan duiken, voor anderen is dat de telefoon pakken en naar een potentiële klant bellen. Ik vind het zelf veel te vermoeiend om elke dag iets te doen wat mij bang maakt! Mijn instinctieve reflex is immers om altijd nee te zeggen tegen nieuwe dingen. Die reflex helpt mij niet vooruit en ze maakt mij ook niet gelukkig. Daarom train ik mijn 'moedspier'. Zo probeer ik elk jaar een paar dingen die ik nog nooit gedaan heb. Van sommige experimenten zeg ik achteraf "Dit nooit meer!" Zoals die keer dat ik een zijdeworm opat in Vietnam. Dat is dus echt jakkes en er alleen al aan terugdenken doet me kokhalzen. Maar de meeste van mijn 'moedtrainingen' leiden tot fantastische ervaringen, ook al jagen ze mij vooraf een beetje (of veel) angst aan. Zo leerde ik in 2015 een nieuwe taal. Mijn grootste angst daarbij was om te klinken als een idioot. Maar toch spreek ik zo veel mogelijk Spaans, ook al is dat met horten en stoten. Ik laat me niet tegenhouden door de gedachte dat 'ik als een idioot word gezien' of 'door mezelf als een idioot word gezien'. Dit jaar leer ik surfen en ik kan je zeggen dat dat heel veel van mijn moed vraagt. Vooral de moed om vol te houden. Ik ben al veel vaker als een verzopen kieken of een hijgende hond uit het water gekomen dan als een surfer die weet waar ze mee bezig is. Maar toch doe ik het! Omdat het mij leert omgaan met hoe het voelt om iets niet te kunnen maar toch te proberen, te falen en nog een keer te proberen. Omdat het mij zo hard oppompt wanneer ik eens meer dan 5 seconden op mijn longboard sta. Omdat ik dan voel en denk dat ik de wereld aankan. Omdat ik dan trots ben op mezelf. Omdat het een zalig gevoel geeft om 1 te zijn met de oceaan. Omdat het fijn is vast te stellen dat je vooruitgang boekt.

Waarom zou ik mezelf al dit plezier ontzeggen, enkel en alleen omdat de maatschappij mij keer op keer zegt dat risico's nemen not done is?!

> **66***Life is either a daring adventure or nothing at all.***99**
> Helen Keller

Misschien is Spaans leren en golfsurfen voor jou helemaal niks moedigs. Misschien breekt het koud zweet je al uit gewoon door er nog maar aan te denken. Het leuke is dat iedereen 'moedig zijn' kan oefenen. Hoe meer je getraind bent om dingen te doen waarvan je de uitkomst niet kent, hoe moediger je wordt en hoe meer risico je zal kunnen nemen. Door je moedspier te trainen ontdek je welke gevoelens de zogenaamde risico's bij jou oproepen en je leert hoe je met die gevoelens kan omgaan. Moed is daarom iets heel persoonlijks. Jouw tolerantie voor risico hangt af van al je positieve en negatieve ervaringen uit het verleden met het nemen van risico's. Al die ervaringen samen vormen onze eigen comfortzone. Elk van ons neemt risico's vanuit die comfortzone. Die is groot of klein, afhankelijk van hoe hard

je die comfortzone hebt uitgerokken doorheen je leven. Ik adviseer je niet om massaal uit je comfortzone te springen. Die quote "The magic happens outside of your comfort zone" is niet alleen bullshit maar ook gevaarlijk. Ver uit je comfortzone treden, leidt ertoe dat je alleen maar meer bang wordt. Je ziet je angst bevestigd en daardoor ontwikkelt die zich verder in plaats van dat die vermindert.

Dingen doen die je een beetje bang maken? Absoluut!

Dingen doen die je in paniek doen slaan? Absoluut te vermijden!

MAAR WAT ALS IK MIJN UNIEKE PAD ECHT NIET DURF INSLAAN?

Het kan best zijn dat je je realiseert dat je vandaag niet de persoon bent die klaar is om zijn of haar uitgestippelde pad te verlaten om je missie te vervullen. Misschien stel je vast dat het veel meer moed vergt dan de moed die je vandaag bezit om die eerste stap te zetten. Sla jezelf dan niet voor het hoofd. Je voelt je vandaag misschien nog niet die persoon die je graag wil zijn, maar door langzaam maar zeker je moedspier te ontwikkelen, zet je toch de noodzakelijke stappen vooruit om je dichter bij je droom te brengen. Het is enkel wanneer we onszelf volledig afkeren van dat pad (zoals ik heel mijn leven mezelf wijsmaakte dat 'voor altijd reizen niet voor mij is weggelegd'), dat we ons ook afkeren van onze eigen dromen en onze missie.

Ga dus op zoek naar een klein stapje in jouw nieuwe richting. Onze missie waarmaken begint immers heel simpel. Met een eerste stap. Met een eerste actie. Je moet iets doen. Het kan misschien weken, maanden, jaren duren vooraleer je beslist om zelfs de kleinste stap te zetten. Maar het is door die ene, eerste stap te zetten dat je op weg bent. En voor je het goed en wel beseft, wandel je dankzij die ene kleine stap vanaf nu op jouw unieke pad. Geen magie, geen fanfare, geen gejoel, geen applaus. Enkel jij, die eerste stap en jouw unieke missie.

> **66** *Be yourself. Everyone else is taken.* **99**
> Oscar Wilde

Als je niet goed weet hoe je jouw moedspier kan trainen, dan heb ik een simpele maar zeer effectieve oefening met direct resultaat. Neem er even je to-dolijstje bij... Ik durf er om te wedden dat er vandaag iets op je to-dolijstje staat dat er al een hele tijd opstaat. Het is niet iets wat gigantisch veel tijd vraagt, misschien heb je op een halfuurtje de klus geklaard. Maar toch heb je het, ook vandaag weer, niet gedaan. Net zoals je het gisteren niet deed en de week daarvoor. Waarschijnlijk omdat je ergens diep vanbinnen weerstand voelt en je nog niet de moed gevonden hebt. Uitstelgedrag is het duidelijkste symptoom van een tekort aan moed. Dat ding op je to-dolijstje is iets waarvan je de uitkomst niet kan inschatten (misschien moet je je moeder opbellen om het nog even te hebben over die woordenwisseling tijdens kerst over de iets te droge kalkoen) en dat maakt je wat nerveus of bang. Dus je stelt het uit, en je stelt het uit, en je stelt het uit. Nochtans is dit de beste uitnodiging die je kan krijgen om je moedspier te trainen. Je hoeft niet op een torenhoge brug te gaan staan. Je hoeft niet te vechten met een wild dier. Je hoeft niet zonder gps de zuidpool over te steken. Gewoon dat ene dingetje doen dat al zo lang op je to-dolijst staat. Ik weet dat je jezelf ernaartoe sleept alsof je zonet je doodsvonnis hebt gekregen, maar achteraf ga je blij zijn dat je het gedaan hebt. Zelfs al is de uitkomst niet wat je wou, het resultaat zal zijn dat je een meer getrainde moedspier hebt.

Heb je eindelijk die ene taak op je to-dolijstje aangepakt? Gefeliciteerd! Laat die moedspier maar rollen nu!

HEB DE MOED OM NIET AAN DE VERWACHTINGEN TE VOLDOEN. CASE STUDY VAN SOFIE

Sofie is één van de weinige mensen die ik ken die haar eigen verwachtingen en noden perfect weet te verwoorden, maar ook de verwach-

tingen die anderen over haar hebben, weet te benoemen. Die vaardigheid zorgt ervoor dat Sofie vaak haar perfecte dag beleeft.

"Voor mij is een perfecte dag vooral een dag waar ik het liefst zo weinig mogelijk weerstand ervaar van alles en van iedereen. En dat vind ik soms wel het moeilijkste... dat er altijd wel mensen zijn die dingen van mij verwachten en ik vind dat echt niet evident om mee om te gaan.

Ik heb 3 kinderen en moeder zijn heeft me geleerd om op een totaal andere manier met verwachtingen om te gaan. Zo stel ik vaak in vraag wat ik van hen verwacht, maar ook wat zij van mij verwachten. Dan zeg ik hen: "Kijk, dat is nu een verwachting die jij hebt. Je gaat ervan uit dat, omdat ik je mama ben, ik nu dit voor jou moet doen. Maar soms gaat dat niet. Ik ben ook een mens, met mijn verwachtingen, en dus kan ik wat je me nu vraagt gewoon niet geven." Dat gaat soms echt over banale dingen, zoals 'waar ligt mijn hockeybroek?' En dan zeg ik: "Ja, dat is eigenlijk niet mijn verantwoordelijkheid om dat te weten. Het is niet omdat ik hier de mama ben, en dat jij nog maar acht jaar bent, dat ik dat nu moet oplossen."

Sofie leeft niet op automatische piloot of conform de regels van de maatschappij waarin we leven. Ze reageert niet op verwachtingen van anderen, maar ageert. Ze zegt: "Ik zie wat hier gebeurt, ik hoor jouw verwachtingen" maar ze gaat niet eraan proberen te voldoen... wat toch de maatschappelijke norm is. Sterker nog, ze zegt: "Ik hoor de verwachting die je hebt tegenover mij en ik ga daar nu niet aan voldoen." Punt. Zelfs zonder een verdere uitleg te geven over waarom ze daar nu niet aan wil of kan voldoen. Ik ken zeer weinig mensen die deze gewoonte hebben. Niet met hun kinderen, niet met hun partner, niet met business partners en niet met klanten. Deze vaardigheid die Sofie heeft, is waar de magic zit en waarom zij heel succesvol is, ook als freedompreneur.

Ik vroeg me af of dit een vaardigheid is die ze van haar ouders geleerd heeft.

"Neen. Ik heb heel conventionele ouders en ben streng opgevoed. Maar ze hebben ons wel zeer vrij gelaten op de momenten dat het kon en steeds met de boodschap dat we de verantwoordelijkheid die we

kregen moesten opnemen. We zijn ooit naar een fuif geweest en mijn moeder ging ons komen ophalen. Toen hebben wij allemaal moeten overgeven omdat we te veel gedronken hadden. Mijn moeder's reactie was niet: 'Je hebt te veel gedronken. Je mag niet meer uitgaan.' Nee, mijn moeder zei: 'Vanaf nu ga je gewoon met de fiets. Dan moet ik niet meer stoppen met mijn auto, omdat jullie moeten kotsen.'

Dat is voor mij een voorbeeld van hoe mijn moeder er voor zorgde dat wij ons zelf verantwoordelijk voelden voor ons gedrag. Ze eigende zich het probleem (hoe geraken jullie thuis na het uitgaan) niet toe en voelde zich er ook niet verantwoordelijk voor. Wij leerden dat we niet zomaar mochten verwachten, omdat zij onze moeder was, dat ze een oplossing bracht.

De vaardigheid hebben om niet het probleem van iemand anders je toe te eigenen, bespaart je veel werk, moeite en zorgen. Het is een vaardigheid die je nodig hebt om je goesting te kunnen doen, ook in je werk. Ik heb niet graag dat klanten ervan uitgaan dat ze verwachtingen mogen hebben tegenover mij of dat ik op dat moment zelf geen verwachtingen heb. Zo vind ik het bijvoorbeeld zeer belangrijk dat klanten mij geen acute dingen opleggen terwijl ik eigenlijk zin heb om iets anders te doen.

Maar ik merk dat dat heel ongewoon is en dat veel mensen die vaardigheid niet hebben. Ze vinden mijn reacties daardoor vaak een beetje raar. Ons middelste kind bijvoorbeeld is zeer slordig. Die heeft nu opnieuw zijn winterjas verloren, voor de derde keer al. Dan zeg ik: "Ik ga geen nieuwe kopen. Je kunt naar de winkel gaan met je spaarpot en daarmee een nieuwe jas kopen. Of je bekijkt welke kleren je niet meer nodig hebt en verkoopt ze op Vinted." Dus heeft hij voor 20 euro kleren verkocht, pakjes gemaakt en opgestuurd en zelf een nieuwe jas gekocht.

En dan zie ik de moeders rond mij fronsen en echt vanalles denken. Maar ik vind dat heel normaal. Ik leer mijn kinderen (maar ook mijn klanten) om zelfredzaam te zijn en verantwoordelijkheid te dragen over hun verwachtingen naar mij of anderen toe. Ik expliciteer wat het probleem is, maak duidelijk dat ik niet verantwoordelijk ben om dat voor hen op te lossen en toon hen manieren waarop ze het zelf kun-

nen oplossen. Welke oplossing ze dan ook kiezen, ik ondersteun hen daarin. Maar ik ga niet de oplossing bedenken en ik ga ze ook niet uitvoeren.

Het nadeel is nu wel dat ik een ander probleem heb... want mijn zoon draagt nu wel een zeer lelijke jas, haha.

WILSKRACHT BESTAAT NIET. MOTIVATIE GELUKKIG WEL.

Iedereen die al eens gestopt is met roken, weet het. Wilskracht of zelfdiscipline zijn de meest overschatte karaktertrekken die we hebben als mens. Nochtans maken we onszelf graag wijs dat we onze doelen uiteindelijk bereiken dankzij wilskracht en zelfdiscipline. Niets is minder waar. Sterker nog, steeds meer psychologen, zoals psychologe Kelly McGonigal van de universiteit van Stanford, beweren zelfs dat wilskracht gewoonweg niet bestaat. In 'The Willpower Instinct' schrijft ze: "My students believe that they have a voice in their head which controls their weaknesses. They fear that if they give up this voice, they have no willpower or self-control at all. If you think the key to willpower is being harder on yourself, you are not alone. But you are wrong." Wat wij allemaal herkennen als wilskracht of zelfdiscipline, is eigenlijk niets anders dan motivatie. Motivatie is wat ons helpt om verder te doen ondanks tegenslagen.

Andre Agassi heeft één van de meest succesvolle tenniscarrières uitgebouwd in de recente geschiedenis. Ondanks helse rugpijnen, speelde hij meer dan 20 jaar op topniveau. Je kan dat wilskracht noemen. Maar het is vooral elke dag opnieuw de motivatie vinden om uit bed te stappen, dat tennisracket vast te pakken en een paar duizend forehands te meppen. Vooraleer je gaat ontbijten. Wat weinigen weten, is dat Agassi tennis haatte. Van de dag dat hij als peuter voor het eerst een tennisracket vasthield tot de dag dat hij zijn laatste professionele wedstrijd speelde, had hij een hartsgrondige hekel aan het spelletje. Het maakte hem doodongelukkig. Hoe bleef hij dan gemotiveerd? Angst. Angst voor zijn allesoverheersende vader die van Agassi een kampioen zou maken. Angst omdat hij wist dat hij niks anders geleerd had dan tennissen en er dus geen andere job binnen zijn bereik lag.

Agassi werd heel zijn succesvolle carrière gedreven door de meest negatieve vorm van motivatie, namelijk angst. Tennis was het pad dat vanaf zijn geboorte voor hem was uitgestippeld en hij heeft de eerste 40 jaar van zijn leven de moed noch de motivatie gevonden om van dat pad af te stappen.

Wat het verhaal van Agassi toont is dat je zeer succesvol kan zijn op het voor jou uitgestippelde pad. Ok, het maakte hem voor meer dan 40 jaar van zijn leven doodongelukkig, maar hij kan tenminste zijn tranen wegvegen met de miljoenen dollars op zijn bankrekening. Verwar het hebben van succes niet met het idee dat je jouw unieke pad bewandelt. "Het moet wel mijn missie zijn, want kijk eens hoe goed ik er in ben!" Maar als je hartje er niet sneller van slaat op het einde van de dag en op het einde van je leven, dan is het simpelweg niet jouw pad.

Ik heb ook al wat dingen in mijn leven gedaan -weliswaar op veel beperktere schaal dan Agassi- die je kan bestempelen als succesvol. Ik heb ook veel dingen verprutst, maar dat is voor een volgend boek. Maar ondanks het succes, begon ik mij na een tijdje telkens te vervelen. Ik vond het allemaal niet zo interessant meer, het boeide mij niet meer. Of althans, zo leek het wel. Maar als ik eerlijk ben met mezelf, dan was het niet door mijn slinkende interesse dat ik mij begon te vervelen. Er was iets anders aan de hand, iets veel meer fundamenteel. Ergens onderweg verloor ik mijn motivatie. De beloning, in de vorm van geld, respect, aandacht,... die gepaard gaat met succes en de rush die ik daarvan kreeg, vervaagde na een aantal maanden of jaren. Het gevolg was dat ik geen motivatie meer vond om verder te doen. De beloning was weg en ik had geen interne motivatie om het pad verder te bewandelen. Dus ging ik dan maar iets anders doen. Dat patroon herhaalde zich elke 3 jaar, met jobs, met relaties, met vrienden, met ondernemen. Maar sinds ik mijn missie ken, sinds ik daar elke dag een stapje in zet, lijkt de cyclus doorbroken. De eeuwige en terugkerende drie ligt ondertussen achter mij. Ze zeggen dat wanneer je op jouw unieke pad bent terechtgekomen, je zal merken dat jouw motivatie en jouw moed vanuit je hart komt. Het is enkel gedreven door positieve emoties, niet door angst (zoals bij Agassi) of andere drijfveren van buitenaf (beloningen of applaus).

Om mijn missie, een Explorer of Life zijn, te vervullen, heb ik heel veel motivatie nodig. Ik moet steeds weer mijn koffers pakken, steeds weer manieren vinden om mijn levensstijl te financieren, steeds weer investeren in het maken van nieuwe vrienden en het opbouwen van relaties. Ik moet steeds opnieuw afscheid nemen en dat kan verdomme hard zijn. Maar dit is wat ik wil. Sinds 2012. Nog altijd. De motivatie komt vanuit mijzelf. Vanuit mijn hart. Niet omdat iemand anders vindt dat ik dit moet doen. Niet omdat ik ervoor beloond wordt of er aandacht voor krijg. Niet omdat ik er mijn rekeningen mee kan betalen. Nee, de beloning zit hem in hoe mijn hart sprongetjes maakt en in hoe mijn ziel zich voelt. En dat elke dag opnieuw. Ondanks alle obstakels, ondanks alle moeilijkheden en ondanks alle onzekerheid is er op dit moment geen haar op mijn hoofd dat eraan denkt om ermee te stoppen. Ik denk dat ik nu pas begin te beseffen dat het wel eens zou kunnen dat ik op mijn unieke pad zit. Niet op het pad van een ander. Niet op het pad dat een ander wil dat ik bewandel. Nee, op een pad dat alleen maar door mij kan bewandeld worden.

Motivatie is niet iets wat je kan trainen, zoals je moedspier. Je kan motivatie wel stimuleren van buitenaf (met geld, erkenning, status,...), maar dat zal altijd weer langzaam opdrogen en verdwijnen. Het is on-

mogelijk om motivatie van binnenuit opnieuw op te wekken wanneer je een pad bewandelt dat niet het jouwe is. Maar ben je bezig met jouw missie te vervullen, dan komt de motivatie van binnenuit, als een ongelimiteerde bron van energie. Je bent een duracellkonijn dat blijft doorstappen. Gewoon omdat je niet anders kan. Niet omdat je bang bent om terug te keren, niet omdat je denkt dat er verder over de heuvel een beloning ligt. Maar omdat dit stukje van het pad, waar je je nu op bevindt, helemaal perfect is voor jou.

DEEL 5

LIVING THE DREAM!

OH WACHT, ZO SNEL GAAT
DAT NIET!

JE DROOM IS ZOALS EEN BORDEAUX: ER IS TIJD NODIG OM HELEMAAL OPEN TE BLOEIEN.

Hoe cool zou het zijn als je van 's morgens tot 's avonds bezig kan zijn met dat wat je het allerliefste doet? Hoe zou je je voelen wanneer je elke dag al je tijd zou kunnen besteden aan het realiseren van je missie? En daar ook nog eens voldoende geld mee zou kunnen verdienen? Wel, ik kan je zeggen, het is de max! Ik kan je ook met zekerheid zeggen, het is bij momenten verdomd moeilijk. Moed hebben om te kiezen voor jouw pad is één ding, daarna de motivatie vinden om door te blijven wandelen is nog iets anders.

> **66** *Some men see things as they are and say why.*
> *I dream things that never were and*
> *say why not.* **99**
> G. B. Shaw

Als jij die eerste stappen hebt gezet, hoe klein ook, op jouw unieke pad, dan zal dit hoofdstuk jou helpen om de motivatie te vinden om verder te stappen en de obstakels te overbruggen die je pad gegarandeerd zullen kruisen op de weg naar je droomleven. Een leven waarbij je volop je missie vervult, zonder dat daarbij geldzorgen het plezier verprutsen.

Maar hoe pak je dat nu heel praktisch aan? Want vandaag heb je misschien zelfs een job die niets met je missie te maken heeft en simpelweg dient om de rekeningen te kunnen betalen? Of misschien ben je wel al voltijds bezig je missie waar te maken, maar zit het financiële plaatje nog niet helemaal goed?

Afhankelijk van de fase waarin je zit met het realiseren van je missie zal je bepaalde dingen moeten doen en andere dingen moeten laten. Je kan elk pad ruwweg indelen in vijf verschillende fases:

❖ De eerste fase van je pad: je hebt een job om de rekeningen te betalen en daar steek je zo veel uren in dat je amper tijd

hebt om met je missie bezig te zijn (soms eens een dag, dan weer 6 dagen niet, dan weer eens een paar uurtjes). Je missie najagen is nu simpelweg niet aan de orde.

❖ De tweede fase van je pad: je steekt zo weinig mogelijk tijd in een job (je werkt bijvoorbeeld parttime) die je gewoon geld oplevert. Maar je verdient nog geen geld met je missie.

❖ De derde fase van je pad: je kan geld verdienen met je missie, maar 't is net voldoende of net niet (hangt van de maand af).

❖ De vierde fase van je pad: je hebt een bedrijf gebouwd rond je missie, waarbij je genoeg geld verdient. Maar je bent slaaf geworden van wat er allemaal komt kijken bij het hebben van een bedrijf.

❖ De ultieme fase van je pad: je verdient meer dan voldoende geld met het vervullen van je missie en je kan er zo veel tijd aan spenderen als je zelf graag wil. You are living the dream!

OOK JE OMGEVING HEEFT TIJD NODIG OM TE WENNEN AAN DE NIEUWE JIJ. CASE STUDY MET ONDERNEEMSTER ANNELIES DELMOITIE.

Als het gaat om stappen zetten om je dromen waar te maken, dan heeft Annelies Delmoitié er al heel wat gezet. Maar dat niet iedereen even snel met haar kon meestappen, werd telkens weer duidelijk in de gesprekken die ze had met haar vader.

"Mijn vader is economist van opleiding. Dus die snapte helemaal niet dat ik mijn ontslag bij Procter had gegeven. Want zo een goeie job, in de chemie en in Brussel… 'Hoe zot kan je zijn?!'

Dus hij vroeg mij elk jaar: 'Zou je niet terug in loondienst gaan?' De laatste keer dat hij dat vroeg heb ik geantwoord: 'Waarom zou ik dat

doen? Ik mag de hele dag doen wat ik graag doe, waar ik supergoed in ben en ik word daarvoor betaald!'

Vorig jaar heeft hij, voor de allereerste keer, niet gevraagd wanneer ik terug een job zou zoeken. Dus misschien is eindelijk, na acht jaar, *zijne frank* gevallen haha."

HOE VER BEN JIJ NOG VERWIJDERD VAN JE DROOM?

In welke fase zit jij momenteel? Zit je al in de ultieme fase of ben je er nog ver van verwijderd?

IN WELKE FASE ZIT JI?

Los van in welke fase je je momenteel bevindt, belangrijk om te weten is dat de verschillende fases een afvallingsrace vormen. De meesten onder ons -jij misschien ook wel- hebben zich vastgezet in de eerste fase 'Je hebt een job en geen tijd om je passie na te jagen'. Het is meteen ook de moeilijkste fase om uit te geraken en voor velen lukt dat niet. Daarnaast zijn er maar zeer weinig mensen op aarde die erin slagen om de ultieme fase te bereiken waar ze echt luidkeels roepen "I'm living the dream and it's f*cking amazing!'

> **"Don't ask what the world needs. Ask what makes you come alive. And go do that. Because what the world needs is people who come alive!"**
> Howard Thurman

Naast beseffen dat deze fases een afvallingsrace vormen, is het ook belangrijk om te weten dat deze race geen sprint is. Instant succes is zeer, zeer onwaarschijnlijk. Als je verwacht om vanaf morgen meteen je missie te vervullen en daar flink je boterham mee te kunnen verdienen, dan ga je van een kale reis thuiskomen. As with all good things, this shit takes time! De keuzes die je zal moeten maken om van de ene fase naar de andere door te stappen bij het bewandelen van je unieke pad zijn niet makkelijk en vragen daarom tijd. Vaak erg veel tijd zelfs.

Maar is het mogelijk? Absoluut! Elke dag zijn er duizenden mensen die de eerste stap zetten. Weg van het voor hen uitgestippelde pad en recht op hun eigen unieke pad. Het begint allemaal met die eerste

stap, die dan gevolgd wordt door een tweede en geleidelijk loop je door van de ene fase naar de andere.

In de volgende pagina's beschrijf ik de eerste vier verschillende fases die je zal doorlopen wanneer je je eigen unieke pad gaat bewandelen. Je kan meteen naar de fase doorbladeren waar je jezelf op dit moment bevindt. Zo kom je meteen te weten wat de volgende stappen zijn die je kan zetten.

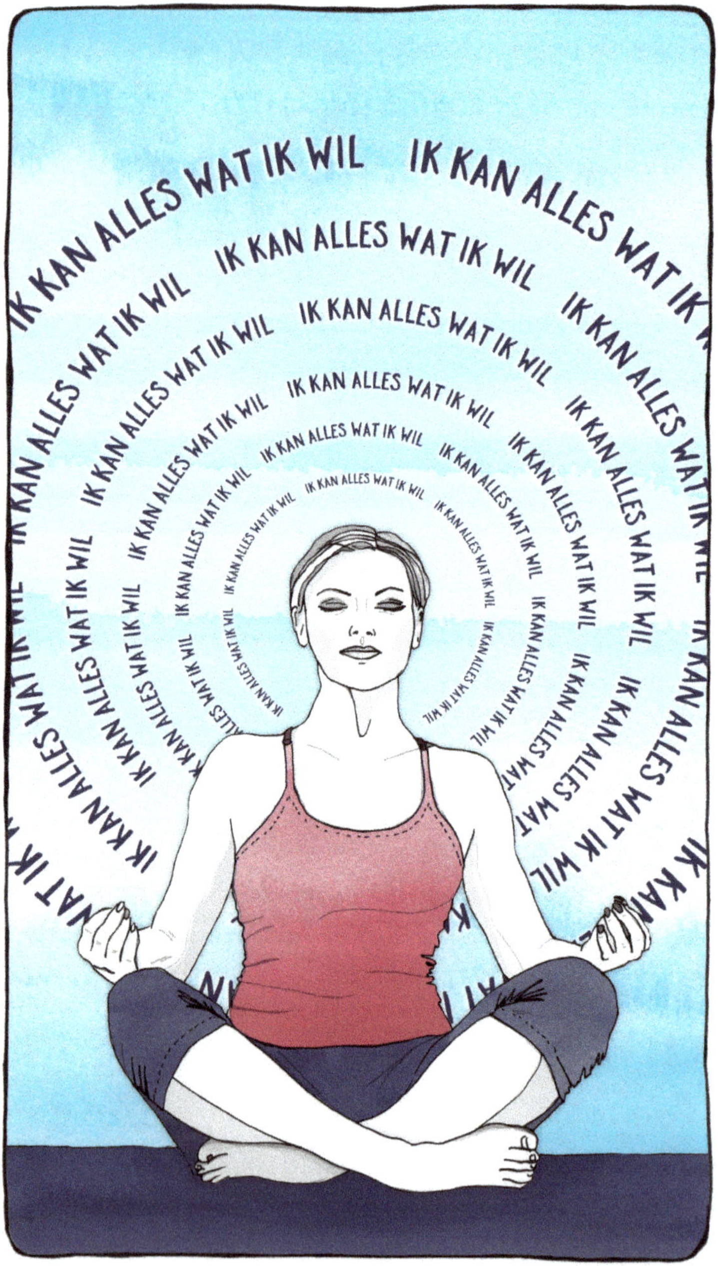
IK KAN ALLES WAT IK WIL
IK KAN ALLES WAT IK WIL
IK KAN ALLES WAT IK WIL
IK KAN ALLES WAT IK WIL
IK KAN ALLES WAT IK WIL
IK KAN ALLES WAT IK WIL
IK KAN ALLES WAT IK WIL

DE MOEILIJKSTE FASE OM IN TE ZITTEN:

JE JOB SLORPT ZO VEEL UREN OP DAT JE GEEN TIJD HEBT OM MET JE MISSIE BEZIG TE ZIJN.

Tijd. Een handelswaar dat ondertussen veel waardevoller is geworden dan geld. Wie vandaag de dag tijd heeft, is écht rijk. Tijd om de kinderen op 't gemak van school te halen en een praatje te maken met de meester. Tijd om met een boek op de bank te kruipen en je helemaal te verliezen in het verhaal. Tijd om naar de sterren te kijken. Tijd om uit eten te gaan met je partner, uren te praten en echt naar elkaar te luisteren. Als er iets is waar we vandaag nog harder naar snakken dan naar geld, dan is het naar tijd.

"Ik wil elke dag bezig zijn met datgene wat ik het liefste doe en dat is juwelen maken. Maar met mijn drukke job en 2 kleine pagadders thuis heb ik daar helemaal geen tijd voor!"

De kans is groot dat tijd (of althans het niet hebben ervan) jou veel meer zal tegenhouden in het waarmaken van je dromen dan geld. Zit je in de fase dat je geen (of amper) tijd hebt om je missie te vervullen, dan zit je in de moeilijkste fase van allemaal. Dit is de ratrace waar we met z'n allen krampachtig aan proberen te ontsnappen zonder veel succes. Wie erin slaagt deze fase achter zich te laten, heeft de moeilijkste en meest belangrijke stap gezet richting het waarmaken van zijn of haar levensdromen. Maar hoe doe je dat dan?

BEGIN MET JE GELD IN TE RUILEN VOOR MEER TIJD.

Wat kan je best doen als je in deze fase zit? Simpel. Minder uren werken, zodat je in de volgende fase terecht kan komen. Hoe werk je minder uren? Opnieuw heel simpel:

❖ Dien je ontslag in! Stop met tijd te verspillen aan een job die alleen maar tijd vreet en waarbij je elke maand enkel wat centjes voor in ruil krijgt. Stop ermee!

- ❖ Ontslag nemen geen optie? Werk dan minder. Ga deeltijds werken, neem gas terug. Als jouw werk jou niet dichter brengt bij het bereiken van je missie, reduceer dan zo veel mogelijk de tijd die je aan die job besteedt. Zegt de baas nee op je verzoek om deeltijds te werken, dan zou dat wel eens een geschenk uit de hemel kunnen zijn (en dien dan je ontslag in, nu).
- ❖ Ook als je je eigen baas bent met je eigen bedrijf, maar iets doet waar je hart niet echt warm van loopt, reduceer dan de tijd die je besteedt aan je werk.

In deze eerste en moeilijkste fase wil je vooral meer tijd creëren om met je missie bezig te zijn. Jij -en jij alleen- bent diegene die ervoor kan zorgen dat je minder uren werkt in je job waar je niet gelukkig van wordt. Zorg dat je minstens 4 weekdagen van de 7 ter beschikking hebt om met je missie bezig te zijn.

Voor je begint te gillen "Ja, maar, ik heb wel dat geld nodig hé!" lees eerst rustig verder.

JE HEBT DUS EEN JOB MAAR GEEN GELD? ZOGEZEGD. STOP HET REFREINTJE IN JE HOOFD.

Niemand heeft geld. Of althans, zo lijkt het wel. We lijken nooit genoeg te hebben, los van hoeveel geld we hebben. Het is natuurlijk zo dat we allemaal een bepaalde hoeveelheid geld nodig hebben. Rekeningen moeten immers betaald worden en helaas kan dat niet met aardappel-schillen.

Het gevolg is dat de meesten onder ons vallen in de diepe valkuil van wat ik noem 'het uitgestelde leven': ik ga nu hard werken, proberen geld te sparen en tijdens mijn pensioen eindelijk doen wat ik echt wil. Exact wat ook ik deed in 2011: hard werken en ondertussen dromen van een vervroegd pensioen. Maar het 'uitgestelde leven' is een illusie. En illusies zijn niet wat je wil, zeker niet wanneer je je leven op lange termijn bekijkt. Doe dus wat je moet doen. Nu. Niet later. Want later

komt er misschien wel nooit van. En zelfs al komt later ooit wel eens, je bent dan allicht niet in je creatieve, fysieke of mentale topperiode.

Nu, ik begrijp wel dat je een financiële buffer wil om erin te (durven) vliegen. Want je zit in de fase waar je je geld zal moeten inruilen voor het verkrijgen van meer tijd. Een buffer in de vorm van wat spaargeld, een kleine lening bij vrienden of familie, een partner die tijdelijk financieel bijspringt,... ondersteunt je om enkele maanden van minder (of geen) inkomen te overbruggen en maakt ontsnappen uit deze moeilijke fase waarin je zit makkelijker. De meeste ondernemers raden aan om een financiële buffer van een drietal maanden te hebben. Nu, toen ik besloot om hard weg te lopen uit de fase "Ik heb een job en helemaal geen tijd, voor niks" had ik geen buffer. Niks. Ik moest zelfs geld lenen bij mijn moeder gewoon om mijn bedrijf nog maar te kunnen registreren. Ik moest er dus direct invliegen. Er was geen Plan B, geen vangnet, geen buffer. Voor mij werkte dat, want het was 'van moetes'. Maar doe vooral waar jij je goed bij voelt.

> **❝** *I hope you live a life you're proud of. If you find that you are not,*
> *I hope you have the strength to start all over again.* **❞**
> F. S. Fitzgerald

Maar wat dus nu je eerste zorg moet zijn wanneer je in deze fase zit, is tijd creëren. Dat heeft op korte termijn tot gevolg dat jouw persoonlijke inkomsten zullen reduceren, misschien zelfs helemaal tot nul. Om van deze fase naar de volgende te komen, moet je nu tijdelijk geld opgeven in ruil voor tijd. Tijd die onmisbaar is om je missie verder te ontwikkelen en te onderzoeken of je er ook centen mee kan verdienen. Face it and deal with it.

DE TWEEDE FASE:

JE VERDIENT GEEN GELD MET JE MISSIE, MAAR JE HEBT WEL EEN ZEE VAN TIJD OM ERMEE BEZIG TE ZIJN.

Je hebt ondertussen de moeilijkste stap gezet van heel de transitie richting het realiseren van je missie: je hebt het gemak van geld tijdelijk opgegeven voor de weelde van tijd. Oef, zo ver ben je al geraakt. Je hebt tijd. En dat is ontzettend veel waard. Je bent al heel wat verder geraakt dan de meeste mensen en je mag daar terecht fier op zijn!

Wat ik niet wil dat er nu gebeurt, is dat je je gaat nestelen in deze situatie en eindigt als een armoezaaier met een missie. Want hoe romantisch het beeld ook is van de arme maar creatieve artiest, is er niets romantisch aan elke dag met een bang hart je brievenbus open doen uit angst voor een rekening die je allicht niet kan betalen. Dus elk uur dat je nu niet meer met die job-voor-het-geld moet bezig zijn, moet je nu gebruiken om twee dingen te doen:

❖ Bezig zijn met je missie. Volop en onvoorwaardelijk. Ervaar wat een gevoel je dat geeft. Voel de energie, de drive en het plezier dat nu door de ramen en deuren van je leven binnenwaait. Dit is een geweldige fase van ongekende energie en flow. Geniet. Don't stress!

❖ Exploreer hoe je jouw missie kan inzetten om op termijn je rekeningen te betalen. Want hoe zalig zou het nu niet zijn als je van die missie ook effectief zou kunnen leven in de toekomst? Als schilderen datgene is wat je MOET doen, waarvoor je hier op deze wereld bent gegooid, dan zou het wel cool zijn als je daarvan de rekeningen kan betalen natuurlijk.

HOE ZOU IK MIJN MISSIE KUNNEN INZETTEN OM MIJN REKENINGEN TE BETALEN?

Er zijn twee antwoorden op die vraag en ze zijn beiden vrij simpel eigenlijk.

Ofwel zoek je een job waarbij het mogelijk is om je werkuren te besteden aan je missie. De kans is echter zeer klein dat je die ook zal vinden, want jobs zijn niet gemaakt om jou lekker je ding te laten doen op jouw voorwaarden. Jij bent ondertussen je eigen unieke pad aan het bewandelen en dat loopt allicht niet gelijkaardig aan dat van een bedrijf of organisatie. Die willen je in het keurslijf duwen van een job met de daarbij behorende jobomschrijving, verantwoordelijkheden, regels en prikklok. En misschien ben je vandaag nog wel bereid om wat water bij je wijn te doen. Maar hoe langer je wandelt op jouw unieke pad, hoe minder je dat zal willen. Trust me!

De andere piste is je eigen baas worden. Het is de piste waarvan ik vandaag de dag denk dat het in onze westerse wereld de enige piste is om je missie volwaardig tot bloei te laten komen. Onvoorwaardelijk en volledig op jouw manier. Ik ben zelf sinds 2010 mijn eigen baas en mijn bedrijf is het instrument geweest dat noodzakelijk bleek om mijn droomleven te kunnen creëren. Dat was nooit of te nimmer gelukt binnen de grenzen van iemand anders zijn of haar bedrijf.

VAN MIJN MISSIE EEN BEDRIJF MAKEN, KAN DAT?

Een bedrijf opbouwen rond dat wat je echt graag doet, dat klinkt geweldig, niet? Er zijn heel wat voordelen aan het opstarten van een bedrijf op basis van een missie: het geeft je de noodzakelijke energie om door te bijten wanneer het moeilijk is en daarnaast heb je vaak al ontzettend veel kennis in huis over alles wat met je missie te maken heeft.

Wanneer je erover nadenkt om rond jouw missie een bedrijf te bouwen, moet je eerst en vooral beseffen dat je niet van elke passie die je hebt een product kan maken. Diegenen die effectief succesvol zijn in het uit-

bouwen van hun missie tot een bedrijf, weten maar al te goed dat je meestal niet betaald wordt voor je passie, maar wel voor de producten of de diensten die je errond ontwikkeld hebt. Een voorbeeldje: ik ben als Explorer of Life uiteraard gepassioneerd door reizen en ik blog daarover. Hoewel veel mensen die blog lezen (als een dromerig tijdverdrijf op een koude maandagochtend bij een bakje troost in dat grijze kantoor, beeld ik mij dan in), is het geen potentieel bedrijf. Lezers betalen mij immers niet om te reizen en om erover te schrijven. Voor adverteerders is mijn blog dan weer te klein. Wil ik deze blog ombouwen tot een bedrijf dan zal ik producten of diensten moeten aanbieden die voor mijn lezers interessant zijn: een unieke reisgids vol tips over hoe je als vrouw alleen kan reizen of een inspirerende reis waar ze aan kunnen deelnemen. Op deze manier vorm ik mijn missie om tot een product of een dienst waar iemand anders mogelijks voor bereid is te betalen. Als je iets kan produceren (een custom-made motorfiets, een unieke reisgids, een handgemaakt juweel,....) dan kan je dus zeker en vast geld verdienen met het vervullen van je missie.

Een andere optie om een inkomen te genereren, is door anderen aan te leren hoe zij kunnen doen wat voor jou een ware levensdroom is. In onze westerse maatschappij zijn we allemaal continu bezig met het ontwikkelen van nieuwe vaardigheden en zijn we ook bereid hiervoor te betalen. Is je grote passie om aan oldtimers te sleutelen? Dan kan je iemands oldtimer opknappen en daarvoor geld ontvangen. Maar je kan ook liefhebbers van oldtimers de vaardigheden leren die nodig zijn om zelf hun auto te kunnen restaureren.

Voor wie net zoals ik een missie heeft die minder tastbaar is, is de zoektocht naar een commerciële toepassing minder evident. Mijn MOETEN, mijn reden hier op aarde is om een Explorer of Life te zijn. "Tja, dat klinkt wel allemaal leuk en tof, maar hoe in godsnaam kan je daar nu geld mee verdienen?" Kan ik mijn bestaan als Explorer of Life omvormen tot een verkoopbaar product of een dienst die klanten willen? Misschien. Ik kan immers mijn brede kennis overdragen door ze om te vormen tot producten en voor deze kennisproducten dan geld vragen. De betalende artikels op mijn website zijn daar een eenvoudig voorbeeld van. Maar ook dit boek is een product waarin ik mijn ervaringen als explorer kan delen en verkopen. Daarnaast kan ik mijn kennis ook verkopen in de vorm van een dienst, zoals persoonlijke

begeleiding die ik kan geven aan iedereen die als een digitale nomade wil leven. De mogelijkheden zijn legio.

IS HET WEL EEN GOED IDEE OM ROND MIJN MISSIE EEN BEDRIJF TE MAKEN?

Allicht kan ook jij jouw passie inzetten om er een inkomen mee te realiseren, eenvoudigweg door die passie om te vormen tot een product of een dienst. Maar is dat wel een goed idee? Ik bedoel dan niet vanuit zakelijk oogpunt. Ik bedoel vanuit persoonlijk oogpunt. Wil je wel van je passie je job maken?

Bij mijn voorbeeld van mijn reisblog is mijn eerlijke antwoord: 'Nee'. Ik weet dat ik het moeilijk heb met schrijven onder druk en dat zou één van de dingen zijn die ik dan zou moeten doen. Maar ik wil kunnen schrijven wanneer ik er zin in heb, niet wanneer het moet. Reizen en er dan tegen betaling over schrijven zou een taak worden, een verplichting. Als je vermoedt dat het vervullen van je missie op termijn een onaangename verplichting zou kunnen worden, dan is het misschien beter om het niet te doen.

Dus vooraleer je van je missie een job maakt, is het aan te raden om een aantal cruciale vragen voor jezelf te beantwoorden:

* Beleef je plezier aan het aanleren of het delen van je passie met andere mensen?
* Als je passie gepaard zou gaan met een hoop papierwerk, zou je het dan nog leuk vinden?
* Zou je 40 uur per week of meer willen bezig zijn met je passie?
* Hebben anderen je al ooit om hulp gevraagd met betrekking tot jouw passie?

Is het antwoord op al deze vragen 'ja', dan is het een goed idee om te bekijken hoe je je missie kan ombouwen tot een bedrijf. De drie belangrijkste punten daarbij zijn dat je:

* een vaardigheid bezit en dus iets kan met je missie;

- die vaardigheid kan omvormen tot een product of een dienst;
- iets creëert waar je mogelijke klanten voor willen betalen doordat het een probleem voor hen oplost of een noodzaak voor hen invult. Passie en een missie zijn immers maar een deeltje van het geheel genaamd 'bedrijf'.

WAAR 95% VAN DE MENSEN BLIJFT IN ZITTEN: JE VERDIENT GELD MET HET VERVULLEN VAN JE DROOM, MAAR 'T IS MAAR NET VOLDOENDE (OF NET NIET).

Ik wil dat iedereen met zijn of haar missie meer dan genoeg geld kan verdienen. Het is immers de grootste fabel ooit dat uitzonderlijke creativiteit en onvoorwaardelijke passie enkel kunnen komen vanuit een armzalige situatie! Ik zou dit boek niet kunnen schrijven in een donkere, vochtige kelder zonder ramen met een rammelende maag, trust me! Maar de realiteit is dat je nu, wandelend door de derde fase, allicht al een tijdje een aantal leuke dingen hebt moeten schrappen uit je leven in ruil voor het kunnen werken aan je missie. Die opoffering wil je natuurlijk niet voor eeuwig doen! Ik raad het je in ieder geval af. In de derde fase is het moment gekomen om jouw tijd terug in te ruilen voor geld. Dat geld heb je uiteraard nodig om verder te kunnen blijven wandelen op jouw unieke pad. Maar nog veel belangrijker, je hebt dat geld ook nodig zodat ieder van ons ook in de toekomst zal kunnen blijven genieten van die missie die je nu deelt met ons allemaal.

Gelukkig kan je in deze derde fase (in tegenstelling tot in de eerste fase) de ruil 'geld voor tijd' doen onder jouw eigen voorwaarden. De volgende stap voor wie in deze derde fase zit, is te weten komen hoeveel geld 'genoeg' is, begrijpen dat er een verschil is tussen Noodzakelijk Geld en Leuk Geld en begrijpen hoe je beiden kan verdienen.

HET VERSCHIL TUSSEN NOODZAKELIJK GELD EN LEUK GELD.

Hoeveel geld is genoeg geld? Dat is de eerste vraag die je jezelf moet stellen. Het antwoord erop is voor elk van ons anders. Maar we hebben allemaal een scheidingslijn die een onderscheid maakt tussen wat ik enerzijds 'Noodzakelijk Geld' noem en anderzijds 'Leuk Geld'. Noodzakelijk Geld is geld dat je nodig hebt voor de basisdingen in je leven:

een dak boven je hoofd, eten, veiligheid, onderwijs, gezondheid. Het bedrag dat jij hierop kleeft, zal verschillend zijn van dat van je buurman of buurvrouw. Het kan afhangen van de plaats waar je woont en de mensen die financieel van jou afhankelijk zijn. Maar jij hebt, net zoals ik, een maandelijkse som geld nodig om te voorzien in basisdingen en dat is jouw Noodzakelijk Geld. Alles daarbovenop is Leuk Geld. Leuk Geld is geld waarmee je op vakantie gaat, lekker gaat eten, op een spaarrekening zet voor later, een mooie auto of dat leuke maar iets te dure jasje koopt.

VOEG DE ZIN "HOE KAN IK NU LEUK GELD VERDIENEN MET MIJN MISSIE?" TOE AAN JE VOCABULAIRE.

Om ervoor te zorgen dat je eerst en vooral voldoende Noodzakelijk Geld verdient met het vervullen van je missie, moet ik jou en je bedrijf terug naar de tekentafel van het ondernemen brengen. Het is tijd om van je missie een echt bedrijf te maken. En dan heb ik het niet over de legale structuur, maar over het uitwerken van de ins & outs van je bedrijf. Hoe zit het bedrijf in elkaar? Waar verdien je je Noodzakelijk Geld en eventueel je Leuk Geld mee? En hoe? Na het beantwoorden van deze vragen, ben je (misschien wel) gestart met het uitschrijven van je allereerste business model.

Een business model vertelt je simpelweg hoe je je Noodzakelijk en ook je Leuk Geld gaat verdienen. Sinds een paar jaar gebruik ik hiervoor een eenvoudige maar complete tool: het Business Model Canvas van professor Osterwalder. Elk van mijn bedrijven is uitgewerkt volgens dit canvas en krijgt ook om de zoveel tijd een bijgewerkte versie, die me weer klaarzet voor de volgende stap. Wie vandaag in de derde fase zit waarbij je met je missie net (of net niet) je Noodzakelijk Geld kan verdienen, raad ik aan om het Business Model Canvas te gebruiken. Zo kan je beginnen sleutelen aan je euro per uur ratio, de sleutel tot de vierde fase.

JE BENT AL GOED BEZIG! CASE STUDY VAN PSYCHOLOGE SOFIE LEEMANS

Sofie Leemans woont in haar huis in Zuid-Afrika, met zicht op de bergen en waar ze elke dag met veel goesting haar bedrijf De Flowfabriek aanstuurt. Dankzij het Business Model Canvas -dat ze door dit boek leerde kennen- kreeg Sofie het vertrouwen dat ze wel degelijk een talentvolle onderneemster is.

"Get Real liet me voor het eerst kennismaken met het Business Model Canvas. Omdat ik als psycholoog een universitaire studie had gedaan, kreeg ik vanzelf een certificaat bedrijfskunde. Maar ik had nooit één uur economie gehad en nooit geleerd wat het betekent om je eigen bedrijf te hebben.

Daardoor voelde ik me als ondernemer vaak een bedrieger. 'Ik doe alsof ik een ondernemer ben, maar eigenlijk ben ik maar gewoon een psycholoog.' Die gedachte is lang een hele strijd geweest in mijn hoofd. Dus toen ik het Business Model Canvas leerde kennen en het voor de eerste keer invulde, vond ik dat ontzettend moeilijk. Maar het heeft mij echt geholpen om te kijken naar wat ik aan het doen was in en met mijn bedrijf. En ik besefte dat ik veel meer een ondernemer was dan ik tot dan toe had gedacht. Zo ontdekte ik dat ik al een doordacht verdienmodel had gecreëerd, zonder dat ik wist wat verdienmodellen waren. Ik werkte toen al met programma's, omdat ik niet de hele tijd losse gesprekken wou hebben. Ik deed die dingen puur vanuit mijn buik, maar door het Business Model Canvas in te vullen, kreeg ik **de bevestiging dat ik eigenlijk wel goed bezig was**. Dat heeft me de stevigheid gegeven om met vertrouwen te zeggen dat ik toch meer een ondernemer ben dan ik dacht.

Ik zag mezelf trouwens heel lang als een beginnend ondernemer, iemand die dus in die derde fase zit waarover jij het hebt…. De fase van 'Je verdient geld met het vervullen van je droom, maar 't is maar net voldoende.' Ik had ook lang het gevoel dat ik daar -net zoals 95% van de ondernemers- in vast bleef zitten. Ik denk dat dat komt omdat ik zo vaak reclame zie zoals: 'Doe deze dingen en dan kan je zoveel per maand verdienen, zonder te werken'. Door dat soort boodschappen

komt er soms een stemmetje in mijn hoofd dat zegt: "Ja daar zit jij nog lang niet hè..." Maar als ik dan praat met mensen besef ik dat ik ondertussen al een fase verder zit, in de 5% club, zoals jij het noemt. Ik heb zonet bijvoorbeeld zonder lening, zonder de lotto te winnen en zonder hulp van mijn ouders, een huis in Zuid-Afrika gekocht. De vijf fases die je beschrijft, hebben me doen beseffen dat ik in de derde fase zat en dus geld aan het verdienen was met mijn droom. Maar ook **dat ik nog verder kon doorgroeien** naar de 5% club. Om vandaag te beseffen dat ik mijn ticketje te pakken heb voor het pretpark genaamd Get Real!"

WIE ZIJN TIJD BLIJFT INRUILEN VOOR GELD VOLGENS DE BESTAANDE NORMEN IS GESJARELD.

We hebben allemaal twee waardevolle dingen in ons bezit waarmee we kunnen onderhandelen. Tijd en geld. Wie in de eerste fase van het vervullen van zijn of haar missie zit, zal zijn of haar geld moeten beginnen inruilen voor tijd: je werkt voor een bedrijf, daar steek je tijd in (meestal uitgedrukt in uren) en in ruil voor jouw tijd krijg je geld (meestal uitgedrukt in een maandloon).

De verhouding geld/tijd ligt voor iedereen met een job vast via een arbeidscontract en wordt maar heel af en toe eens onderhandeld.

- ❖ Misschien werk je 40 uur/week en dus (even ervan uitgaan dat je 4 weken werkt per maand) 160 uur/maand. In ruil voor die 160 uur krijg je misschien 1.600 euro/maand op je rekening gestort. Je ratio geld/tijd is dan 10. Jouw tijd, jouw uur is dus 10 euro waard.
- ❖ Of misschien werk je 38 uur en in ruil krijg je 2.300 euro. Jouw uur is dan 15,13 euro waard.
- ❖ Of je werkt 25 uur en in ruil krijg je 950 euro. Jouw uur is dan 9,5 euro waard.

Wat jouw ratio als werknemer ook is (10, 15 of 9,5), echt veel zotte verschillen zitten daar meestal niet op. Jouw uur als werknemer is voor een bedrijf of organisatie ergens tussen de 10 euro en de 40 euro waard. Daarmee kan je hopelijk de rekeningen betalen, misschien iets

leuks doen af en toe of misschien wat geld opzij zetten voor later. Je kan opslag vragen aan je baas, maar de realiteit is dat je ratio euro/uur niet echt veel zal wijzigen. Wie zijn of haar tijd op deze manier als werknemer moet verkopen, zal altijd moeite hebben om de ruimte (zowel qua tijd als qua geld) te vinden die nodig is om je missie te blijven waarmaken en er ook je boterham mee te verdienen.

Wanneer je je eigen baas bent, heb je eindelijk de vrijheid om jouw euro per uur ratio drastisch te wijzigen. Dat is de sleutel tot het creëren van de vrijheid die nodig is om jouw missie te vervullen. Als ondernemer heb je de controle over en de invloed op je euro per uur ratio.

Nu, voor jullie allemaal gaan denken dat ondernemers rijke stinkerds zijn met een geschifte euro per uur ratio, weet dan dat meer dan 1 op de 8 zelfstandigen in België onder de armoedegrens leeft. Ondernemen is dus NIET de highway richting rijkdom! Wat het wel is, is het makkelijkste instrument om invloed te hebben op je euro per uur ratio. Hier ligt de sleutel tot succes en tot het zetten van de volgende stappen voor al wie in deze derde fase zit.

ONDERNEEMSTER ANNELIES STOPTE MET HET RUILEN VAN HAAR TIJD VOOR GELD.

Toen Annelies Delmoitié dit boek las, verkocht ze haar tijd voor geld. Als succesvolle freelancer zat ze in een uurtje-factuurtje verdienmodel en waren haar mogelijkheden om echte vrijheid te krijgen beperkt. Dat besefte ze pas wanneer ze de 5 fases van freedompreneurship leerde kennen en ontdekte dat ze 'nog maar' in de derde fase zat.

"Ik wist heel goed waar ik keigoed in was en die skills verkocht ik per uur aan mijn klanten. Ik zat echt vast in dat uurtje-factuurtje. Maar in dit boek stond dat ik daar vanaf moest stappen om vaker mijn goesting te kunnen doen. Mijn eerste reactie was eentje van weerstand. 'Ja, maar ik geraak daar niet van af! Want dat is hoe ik werk en dat is ook hoe administratieve diensten werken!'

Maar het was wel waar... Als ik niet aan het werk was, genereerde ik geen inkomen. Hetzelfde wanneer ik ziek was. Daarna kreeg ik nog enkele eye-openers. Want alle werknemers gaan minstens 20 dagen op betaalde vakantie, maar wij niet. Je hebt geen vakantiegeld, je hebt geen 13de maand,... Lien raakte die pijnpunten allemaal aan in dit boek waardoor ik besefte dat ik heel wat dingen moest beginnen incalculeren in mijn tarieven. Ook al wist ik heel goed waaraan ik begon als freelancer, ik trapte toch in valkuilen omdat ik er gewoon niet over gelezen of gehoord had. Daarom vond ik Get Real in de letterlijke zin van het woord 'Get Real'. Ik kreeg heel realistische inzichten. Want het is zo... Je hebt die dertiende maand niet, je hebt die veertiende maand niet en je verdient geen geld als je niet werkt.

Na het lezen van dit boek ben ik beginnen nadenken over hoe ik met mijn passie inkomsten kon genereren, los van dat uurtje-factuurtje model. Ik heb dat verdienmodel niet laten vallen, maar aangevuld met andere dingen die wel schaalbaar zijn. Ik kocht een tweede business aan, eentje met passievere inkomsten. Met dat bedrijf verdien ik een commissie op alle producten die van dat merk verkocht worden in de Benelux. Dat is dus een compleet andere manier van werken dan dat uurtje factuurtje. Ondertussen heb ik vijf verschillende inkomstenstromen. 't Is dankzij dit boek dat ik heb beseft dat ik mijn tijd niet hoef te verkopen. Als Lien dat kon, dan kon ik dat ook!"

EEN KANTTEKENING OVER NOODZAKELIJK EN LEUK GELD.

Er zijn fases in je leven waar 'Leuk Geld' binnenstroomt en er zijn fases in je leven waar 'Leuk Geld' een verre illusie is. Leuk Geld maakt je leven, nu ja, Leuk. En zoals je allicht al wel weet, is 'Leuk' niet hetzelfde als Gelukkig. Leuk Geld maakt je dus niet gelukkig. Je krijgt misschien die instant rush bij het uitgeven van Leuk Geld omdat je kan genieten van het moment. Maar het vult niet het gat in je ziel. Het zorgt er niet voor dat dat lege, betekenisloze gevoel in je leven verdwijnt wanneer je niet je missie aan het vervullen bent. Misschien spendeer je vandaag de dag wel heel wat Leuk Geld aan het negeren en onderdruk-

ken van dat knagende gevoel dat af en toe toch de kop opsteekt en tegen je zegt: "Ben je nu eigenlijk wel echt gelukkig?"

Daarnaast staat de hoeveelheid Leuk Geld wat we ter beschikking hebben los van onze bereidheid om risico's te nemen. Ik ben mijn eigen zaak gestart op het moment dat ik eindelijk echt Leuk Geld begon te verdienen als werknemer. Dat maakte het er niet makkelijker op. Want ik wist dat dat Leuk Geld (en ook dat Noodzakelijk Geld) er niet meer ging zijn en ik wist niet voor hoe lang. Niemand verliest graag iets wat je al hebt en iedereen die in een gouden kooi zit als werknemer, weet waarover ik spreek. Maar helemaal geen Leuk Geld hebben (of er niets van gespaard hebben, zoals ik toen ik opstartte), helpt uiteraard ook niet om die eerste stap te zetten op je eigen unieke pad.

Wat jouw situatie ook is, geld kan altijd de reden zijn om iets niet te doen. En geld kan ook altijd de reden zijn om iets wel te doen.

DE 5%-CLUB:

JE BENT SLAAF GEWORDEN VAN EEN GOED DRAAIEND PASSIEBEDRIJF.

Wie sleutelt aan de euro per uur ratio in zijn of haar bedrijf zal op een bepaald moment deze zo omhoog getrokken hebben dat er niet alleen voldoende Noodzakelijk Geld, maar ook heel wat Leuk Geld binnenkomt. Dat klinkt natuurlijk fantastisch en op je bankrekening ziet het er ook best indrukwekkend uit, maar er is -meestal- een keerzijde. Waarschijnlijk werk je nu ook heel wat meer uren en niet noodzakelijk worden die gewijd aan je missie. Ik weet uit eigen ervaring dat de kans bestaat dat je ook heel wat tijd investeert in het draaiende houden van het bedrijf dat je rondom je missie hebt gebouwd. Je gaat immers niet zomaar van een euro per uur ratio van 40 naar een euro/uur ratio van 100, 300 of 500 (of wat de verhouding is voor jou). Je bedrijf moet die ratio ook kunnen waarmaken en ondersteunen. Voor al wie in de vierde fase zit en een slaaf is geworden van een goed draaiend passiebedrijf, adviseer ik vier stappen die je kan zetten: Elimineren, Bulken, Automatiseren en Uitbesteden. In die volgorde.

LAAT JE EGO GEEN REM ZIJN OP HET WAARMAKEN VAN JE MISSIE.

Wat velen van ons tegenhoudt om die vier stappen te zetten en taken, projecten of werk te beginnen elimineren, bulken, automatiseren of uit te besteden, is… ons ego. Ja en ik heb daar ook last van. Om niet langer slaaf te zijn van mijn eigen bedrijf moest ik stoppen met denken dat de dingen die ik deed in mijn bedrijf noodzakelijk waren en alleen maar door mij konden gedaan worden. Bullshit natuurlijk. Ik ben veel beter vervangbaar dan ik mezelf voorlieg. Ik ben niet zo uniek en speciaal als ik zelf graag wil geloven. Het doet pijn aan mijn ego, maar de realiteit is dat heel wat van mijn werk sneller door een computer of kwalitatiever door iemand anders kan worden gedaan. Wie echt een droomleven wil

leiden en een bedrijf heeft om dat maximaal te ondersteunen, die zal zijn of haar ego wat meer in het gareel moeten houden.

> **66** *Instead of wondering when your next vacation is, you ought to set up a life you don't need to escape from.* **99**
> Seth Godin

Je wil natuurlijk niet die taken elimineren die je echt graag doet en die helemaal in lijn liggen met je missie. Die zijn immers de reden waarom je ooit je passiebedrijf gestart bent. Het mantra Elimineren, Bulken, Automatiseren en Uitbesteden pas je enkel toe op de taken die je weghouden van wat je echt wil en moet doen in je leven, jouw missie. Hoe groter je bedrijf is, hoe groter ook de kans dat je heel wat dingen doet die niks te maken hebben met het vervullen van je missie.

Mijn mama zegt altijd: "In het leven moet je dingen tegen je zin doen" Maar ik ben het daar helemaal niet mee eens. Je hoeft immers geen miljonair te zijn om te leven als één. Elimineren, Bulken en Automatiseren helpen je al een heel eind verder. Uitbesteden is dan de ultieme laatste stap. Wie trouwens denkt dat uitbesteden alleen maar weggelegd is voor grote IT-bedrijven die hun contactcenter naar India verhuizen, die heeft het mis.

"JE
HOEFT
IMMERS GEEN
MILJONAIR TE ZIJN
OM TE LEVEN ALS
ÉÉN"

In mijn geval, als Explorer of Life, zijn er heel wat taken waarop ik bovenstaand mantra van Elimineren, Bulken, Automatiseren en Uitbeste-

den toepas, gewoon omdat ik ze niet graag doe. Ik heb bijvoorbeeld een hekel aan administratie. Zelfs de meeste administratieve medewerkers hebben er stiekem een hekel aan, vermoed ik. Wie schuift er nu graag papier (of het digitale equivalent) van links naar rechts, denk ik dan? Nu, wanneer je eens goed kijkt naar hoeveel tijd je als ondernemer spendeert aan administratief werk, wow! Daar word je toch wel een klein beetje mottig van: papieren post openen en behandelen, de boekhouding doen, e-mails beantwoorden, bankzaken uitvoeren, presentaties maken, facturen opmaken, berichten posten op sociale media, nieuwsbrieven schrijven, etc etc etc. De lijst is lang en als jij als ondernemer in de vierde fase zit, dan raad ik je aan om het mantra Elimineren, Bulken, Automatiseren en Uitbesteden zo veel mogelijk toe te passen. En een goed begin is jouw administratie.

BULKEN, OFWEL 'SINGLETASKEN', IS DE BESTE PRODUCTIVITY HACK DIE ER IS.

Het voorbije decennium waren de jaren van het multitasken: je mails checken terwijl je iets post op Facebook en ondertussen ook nog je urenregistratie bijhouden. Het klinkt heel mooi, maar de wetenschap heeft ondertussen vastgesteld dat 94% van de mensen niet het brein heeft om efficiënt te kunnen multitasken. De inschakeltijd voor elke taak is gewoonweg te hoog en dat gaat ten koste van je efficiëntie. Ik wou dat ik het kon, op een productieve manier multitasken. Maar als ik eerlijk ben met mezelf weet ik dat ook ik het niet kan. Ik vind het uiteraard bij momenten wel heel leuk om met veel dingen tegelijkertijd bezig te zijn. Vooral omdat drukdrukdruk lijkt op productiviteit. Maar dat is het niet.

Singletasken is veel efficiënter dan multitasken. Dat werd heel duidelijk op het moment dat ik kennistaken (zoals e-mails beantwoorden of facturen maken) begon te bulken en gelijktijdig uit te voeren (singletasken). Toen besefte ik pas hoe snel ik kennistaken kon afwerken wanneer ik ze op hetzelfde moment uitvoerde.

Over singletasken en het bulken van werk had ik niet zo lang geleden een interessante discussie met een onderneemster. Ik vertelde haar over het concept van singletasken en dat ik dus onder andere al mijn

nieuwsbrieven op één dag in de maand schrijf en dan klaarzet in een automatische kalender. Ze vertelde mij dat zij het niet zou kunnen om al haar nieuwsbrieven in één keer te schrijven. Het leek haar heel saai om zich toe te wijden aan die ene taak en dat zo'n vier keer na elkaar (de frequentie van haar nieuwsbrief). Ik vertelde haar dat acht nieuwsbrieven na elkaar schrijven (dat is mijn ritme) inderdaad niet de meest inspirerende activiteit is. Maar geïnspireerd zijn of worden is niet de reden waarom ik deze taak bulk. Het punt is dat ik op twee uur tijd alle taken met betrekking tot nieuwsbrieven gedaan heb voor de rest van de maand en daarom de andere 29 dagen kan golfsurfen. Ik hoef dus niet elke week achter mijn bureau te kruipen en eraan te denken om nog eens een nieuwsbrief te sturen.

De kracht van bulken zit hem enerzijds in het vormen van gewoonte door herhaling en anderzijds in het behalen van efficiëntie door focus. De beloning van bulken zit hem in de vrijheid en de flexibiliteit die je creëert in je leven.

LEER EERST GOED BULKEN. AUTOMATISEREN EN UITBESTEDEN VOLGT DAARNA.

Naast het feit dat je veel sneller kennistaken kan afronden, heeft bulken nog een ander belangrijk voordeel. Wanneer je jouw repetitieve taken bulkt, dan begin je te ontdekken waar de patronen zitten. Deze patronen in repetitieve taken zijn bijna niet te herkennen wanneer je ze niet minstens tien keer na elkaar doet. Het ontdekken van deze patronen is echter noodzakelijk om je werk te automatiseren of uit te besteden.

LAAT SOFTWARE OF IEMAND ANDERS HET WERK VOOR JE DOEN!

Ik durf te zeggen dat ik al jaren niet meer gekuist heb. En ik ben daar fier op. Er zijn mensen die kuisen geweldig vinden, genre "Opgeruimd staat netjes" maar ik heb er een bloedhekel aan. Ik heb al mijn huis-

houdelijke taken uitbesteed en ik wil dat liefst van al zo houden tot het moment dat ik doodval. Jep, dat geldt ook voor kleren wassen, strijken, etc.

Veel mensen hebben een probleem om dingen aan een pc of iemand anders over te laten. Daar blijken verschillende toch wel interessante redenen voor te zijn. Het niet kunnen opgeven van controle is vaak de belangrijkste reden: 'wat je zelf doet doe je beter'. Het blijkt trouwens dat vooral vrouwen het hier lastig mee hebben (this doesn't serve us, ladies! Let it go).

Een tweede reden om je werk niet aan iemand anders over te laten, is een vorm van misplaatste schaamte, genre "Je laat dat toch niet door iemand anders doen als je het zelf kan". Een derde reden is dat we geloven dat taken die we niet graag doen 'nu eenmaal bij het leven horen'. Welke reden jij in je hoofd aanhaalt om te rechtvaardigen waarom je geen werk kan of wil uitbesteden, laat het los. Als het populaire maar treurige refreintje 'Ik heb daar geen geld voor' nu door je hoofd spookt, dan raad ik je aan eens naar het economische plaatje te kijken wanneer je werk uitbesteedt: als je een uur huishoudelijk werk uitbesteedt aan een poetsvrouw die jou 25 euro per uur kost en jij in datzelfde uur 100 euro aan een klant kan factureren, waarom zou je dan in godsnaam je huis poetsen? In België zijn we het gewoon om huishoudelijke taken uit te besteden. Maar ook taken in je bedrijf kan je makkelijk uitbesteden. In het verleden had ik al een Virtuele Assistent die onder andere al mijn fysieke post behandelde (toen ik die nog kreeg), een groot deel van mijn afspraken inplande en mijn boekhouding deed. Daarnaast had ik een VA in Pakistan die alle offerteaanvragen via mail beantwoordde, de reserveringen inboekte en alle voorschotten ervan regelde. Dat bespaarde mij op de piek van de activiteiten makkelijk 2 tot 3 dagen werk per week. Om nog maar te zwijgen van alle hoofdpijn.

DELEGEER JE WERK, OOK ALS JE DENKT DAT DAT NIET KAN. DE CASE STUDY VAN ANNELIES DELMOITIE

Annelies had een goed draaiend passiebedrijf, maar besefte tijdens het lezen van dit boek dat ze er ook in vast zat. Ze ontwikkelde nieuwe, passievere inkomstenstromen voor haar bedrijf en ze ontdekte dat ze ook stukken van haar werk kon delegeren. Waardoor ze nog vaker haar goesting kon doen.

"Werken met andere freelancers, hoe zalig is dat! Dat is niet van in het begin van mijn ondernemerschap gekomen, maar wel na het lezen van dit boek. In eerste instantie reageerde ik nogal defensief op het idee van delegeren en dacht ik: 'Het is mijn job en mijn passie om iemands administratie te doen, dat kan ik toch niet delegeren!' Lien leek vooral administratieve taken uit te besteden en dat was net de kern van mijn bedrijf. Dus ik dacht dat ik niets kon delegeren.

Maar na een tijdje begon ik na te denken en een paar dingen te beseffen: ik word niet gelukkig van die sociale media en ook niet van copywriting of het schrijven van blogs. Maar je moet wel een blog hebben om makkelijk gevonden te worden door potentiële klanten. Dus beetje bij beetje begreep ik wat ik zou kunnen delegeren in mijn bedrijf.

Eerst was er een freelancer en dan een tweede en een derde. Ik heb er nu een stuk of tien en ik zie in dat werken met freelancers een hefboom is. Akkoord, het is ook een kost. Maar als ik ondertussen mag doen wat ik graag doe, dan is dat die kost meer dan waard. En dat wat ik graag doe, dat hoeft niet werken te zijn. Dat mag ook een middagdutje zijn als ik moe ben of pijn heb. Na dat dutje ben ik weer beter en ondertussen is de job wel gedaan. Als ik het zelf zou moeten gedaan hebben, stond het waarschijnlijk nog op de to do lijst.

Elke dag je goesting doen als ondernemer wil voor mij niet zeggen dat ik meer winst moet maken. Elke keer ik er een freelancer bijneem, heb ik meer omzet, maar ook meer kosten en meestal ook minder winst.

Maar het heeft ook als gevolg dat ik meer me-time heb. Een succesvolle freedompreneur zijn betekent voor mij meer rust, meer kalmte en meer zelfzorg. Door het lezen van dit boek ontdekte ik dat ik kan ondernemen, op mijn manier. Het is mijn bedrijf, dus hoe ik dat aanpak, daar heeft verder niemand zaken mee.

Vorige week was het hier goed weer en heb ik twee dagen mijn stoel in de tuin gezet en middagdutjes gedaan. Dat pakt niemand mij af. Ik neem ook zes weken vakantie in plaats van vier en als het een dag goed weer is, maak ik mijn agenda leeg en rij ik naar de zee."

DURF JIJ TE LEVEN ALS EEN MILJONAIR?

Wie zijn weg vindt in deze geglobaliseerde wereld kan leven als een miljonair zonder er één te zijn. We hebben alle tools ter beschikking om onze missie te ontdekken, om onze passies in te zetten in deze wereld en om alle taken die ermee gepaard gaan maar die we niet leuk vinden aan iemand anders over te laten die er meer plezier aan beleeft.

Ben jij bereid om te leven als een miljonair?

Ben jij na deze vierde fase bereid om alleen nog bezig te zijn met wat je echt wil in je leven?

DEEL 6

LIVING THE DREAM!

ZONDER GELDZORGEN AL JE TIJD SPENDEREN AAN HET VERVULLEN VAN JE MISSIE.

MIJN ZONDAGSE WANDELING IN HET PARK. MAAR DAN OP Z'N AZIATISCH.

Het is maandag. Het is mooi weer. Ik heb zin in een streepje natuur. Je kent dat wel… Beetje rondkijken, de beestjes observeren, wat tot rust komen. Maar deze keer wordt het geen park of een bos of het strand. Mijn uitstapje speelt zich af in de Andamanse Zee, 20 meter onder de zeespiegel. Om 6 uur 's morgens, bij 28 graden Celsius, met een duikfles en een bikini.

Mijn duikkompanen en duikgids hangen al te dobberen aan het wateroppervlak. "Kom, kom. Het is hier zalig!" Ik stap van de boot, ga kopje onder, voel het warme water rond mijn blote lichaam, kom bovendrijven en lach. Ik doe het universele duikteken voor 'alles ok'. Mijn duikgids Steve lacht terug. "Klaar om een kijkje te gaan nemen?" Ik knik. En ik lach. Let's go! Ik laat de lucht uit mijn vest en zak onder water. Overal luchtbelletjes. Enkel het geluid van mijn eigen ademhaling. In. Uit. In. Uit. Hoe zou mijn ochtend er hebben uitgezien als ik nu in België zou zijn? Ik lach. Het doet er niet toe. We zakken. Ik laat mijn oren ploppen. We zakken verder. Het water is lekker warm en de beste douche die je kan nemen op een maandagochtend om 6 uur.

Steve, de gids, leidt de duik. Hij 'vraagt' of alles ok is.

't Zal wel!

Rechts van mij zwemt Jennifer. Amerikaanse, gehuwd met Brad, jong, knap en dikke fun. Zo een flapuit is ze boven water, zo bedeesd is ze onder water. Ze observeert, ze zwemt, ze geniet. Ik lach en geniet mee. Links van mij Brad. Hij hangt ondersteboven om in een klein gaaatje te kunnen piepen. Net iets te dichtbij volgens mij. Maar hij heeft plezier, neemt foto's en zwemt van links naar rechts, van onder naar boven, op zijn rug, op zijn zij, op zijn buik en ondersteboven. Ik lach en geniet mee. Recht voor mij zwemt mijn gids Steve. Hij is mijn rots in de branding. Letterlijk en figuurlijk. Hij zal mij redden als ik dreig te verdrinken. Hij zal mij zuurstof geven als ik dreig te stikken. Hij draait zich om en vormt met zijn duim en wijsvinger het universele teken onder water voor 'Are you ok?' Ik lach. Uiteraard ben ik ok. Dik ok!

WAT DOE JIJ TIJDENS JE MEEST PERFECTE DROOMDAG?

Als jij je meest ideale dag zou mogen vormgeven, hoe zou die droom-dag er dan uitzien? Wat zou je dan maken? Met wie zou je die droom-dag dan willen doorbrengen? Waar zou je graag toe bijdragen? Wat zou je graag willen zijn, welk stuk van jou zou je dan willen tonen aan de wereld?

Visualiseer het op de volgende bladzijde.

MIJN IDEALE DAG

LIVING THE DREAM: DE EINDBESTEMMING BLIJKT PAS HET BEGIN TE ZIJN.

De vijfde fase. De ultieme fase. De fase waarvan iedereen die er niet in zit, denkt dat ze alleen maar voor miljonairs is weggelegd. De fase waarvan ook ik jarenlang dacht dat ze alleen maar was weggelegd voor the happy few. Tot ik in 2011 het boek 'The Four Hour Work Week' las en ontdekte dat je geen miljonair hoeft te zijn om er als één te leven. Ik ben er immers geen en toch leef ik er als één. Mijn missie als Explorer of Life is de voorbije jaren mijn echte leven geworden.

Net als reizen is leven in lijn met je missie een tocht die vooral draait om het onderweg zijn en niet zozeer om het bereiken van de uiteindelijke bestemming.

Ik weet nog perfect waar mijn reis naar mijn droomleven begon: huilend op de parketvloer van mijn Gentse appartement, met een schroevendraaier in mijn hand. Maar waar dit verhaal gaat eindigen? Ik heb geen idee! Ik weet niet wat de uiteindelijke bestemming van deze reis zal worden. En dat hoeft ook helemaal niet. Ik voel aan dat er eigenlijk geen ultieme bestemming meer is... Geen pensioen waarop ik zit te wachten, geen volgende vakantie waarnaar ik aftel, geen omzetdoel dat moet behaald worden, geen leegte die moet gevuld worden.

Het ontdekken van mijn eigen unieke pad, het proberen ontsnappen aan de definitie van wat normaal en mogelijk is in het leven en het resoluut durven kiezen om enkel dat te doen waarvoor ik hier op deze aardbol rondloop... wel... dat is het schoonste cadeau dat ik mezelf ooit heb mogen geven.

> **66***And if the music is good, you dance!***99**
> *Quote uit Happy Feet*

Via dit boek heb je jezelf een toegangsticketje cadeau gedaan tot het pretpark van het leven! Want wanneer je ontdekt wat je echt wil aanvangen met je leven en de moed en de wilskracht hebt gevonden om je eigen unieke pad te bewandelen, stap voor stap, van de ene fase naar de andere, dan kan ook jij jouw unieke voetafdruk achterlaten. Dan kan ook jij ontzettend veel betekenen, niet alleen voor jezelf en je familie, maar ook voor je kinderen, je vrienden, de maatschappij waarin je leeft en de wereld die je elke dag mee vormgeeft. Want wanneer je jouw missie aan het vervullen bent, laat je het volledige potentieel dat in jezelf zit openbloeien. Dan overstijg je jezelf op een manier die je misschien wel nooit eerder voor mogelijk hield.

Je droomleven ligt voor het grijpen. Als jij het wil.

Ik weet alvast met zekerheid dat, mocht ik morgen doodvallen, ik heel hard zal lachen en met mijn laatste adem zal roepen 'Damn, what a ride!'

HOE EEN EGOCENTRISCH AVONTUUR WAARDEVOL KAN ZIJN VOOR ANDEREN.

Ik vermoed dat jouw zoektocht naar een passievol leven misschien wel aanvoelt als een heel egocentrisch avontuur. Het draait om jouw missie, jouw passies, jouw wilskracht, jouw unieke pad, jouw bedrijf, jouw dromen,...

Zo voelde het alvast bij mij aan, de voorbije vier jaar. Was mijn avontuur egocentrisch? Absoluut! Zou ik het opnieuw doen? Geen twijfelen aan! Ik beschouw het voorbije avontuur en mijn zoektocht als een ode aan mezelf en een dank-je-wel aan het fantastische leven dat mij zomaar cadeau werd gedaan.

Ik vermoed vandaag, in de fase waarin ik nu zit met het vervullen van mijn missie, dat ik opnieuw op een kantelpunt ben gekomen. Ergens doorheen de tijd is het vervullen van mijn missie beginnen kantelen van een heel egocentrisch avontuur naar een periode van 'Minder Ik. Meer Wij.'

> **66It is not enough to reach the treasure.
> One must bring it back.99**
> Roger Lipsey

Mijn egocentrische avontuur heeft bijna vier jaar geduurd. Vier jaar lang om vooral met mezelf bezig te zijn. Is dat lang? Is dat kort? Ik weet het niet. Het was simpelweg de tijd die ik nodig had. Tijdens die periode heb ik mij vaak fantastisch, tot-tranen-toe-gelukkig en verwonderd gevoeld. Ik was bij momenten ook verloren, angstig en alleen. Maar van het moment dat ik mijn verhaal begon te delen, kwamen mensen naar me toe om mij te vertellen hoe fantastisch ze het wel niet vonden wat ik deed. Dat ze dat ook graag zouden doen, maar dat niet konden omwille van reden x, y of z.

Terwijl diep vanbinnen mijn avontuur voor mezelf aanvoelde als stappen

voor al wie in deze derde "Ik heb echt geen f*cking idee waar ik mee bezig ben en of dit wel een goed idee is" bleek het voor de mensen

rondom mij een bron van inspiratie. En hoe meer ik mijn eigen unieke pad begon te bewandelen, hoe meer anderen geïnspireerd werden om dat ook te doen. Dat had ik nooit verwacht. Het gebeurde en gebeurt gewoon vanzelf. Het is magisch om anderen te kunnen inspireren met een avontuur dat zo egocentrisch is geweest. Ik ben dan ook heel dankbaar dat ik via dit boek mijn verhaal heb mogen delen met jou.

Liefs,

Lien

DEZE TWEEDE, JUBILEUMEDITIE VAN HET BOEK WAS ER NOOIT GEWEEST ZONDER DE HULP VAN HEEL WAT FANTASTISCHE MENSEN.

Alle 3.000+ lezers van de eerste editie van dit boek. Hun mails, berichtjes, reviews en aanbevelingen waren cruciaal om mijn boodschap naar een nog groter publiek te brengen.

Sofie Van Veirdegem, Lieselot Geeregat, Sofie Leemans en Annelies Delmoitie. Dank je wel voor het delen met ons hoe jullie leven veranderd is door het lezen van dit boek. Jullie case studies vormen een prachtige en inspirerende aanvulling in deze jubileumeditie.

Yvonne König, die mijn idee van een jubileumeditie tot leven heeft gebracht en ervoor gezorgd heeft dat jij dit boek nu in jouw handen hebt.

Annelies Baudonck.
Zonder haar geloof in mij was dit boek er niet geweest. Ik was er immers van overtuigd 'dat er geen boek in mij zat'. Maar dankzij Annelies haar magische woorden "Toch wel, en ik ga wachten tot het eruit komt" kan jij nu vandaag dit boek lezen. Naast haar rotsvaste overtuiging dat ik een boek kon schrijven, heeft Annelies als enige ook de allereerste versie van het manuscript gelezen. Haar toejuichen, adviesverlening en ongelimiteerde steun in die periode zijn cruciaal geweest om dit project tot een goed einde te brengen.

Jana, Kathleen, Dora en enkele -voor mij- anonieme proeflezers.
Ze waren moedig genoeg om zich door onafgewerkte manuscripten van Get Real te worstelen en waren dan nog zo gul om een heleboel waardevolle feedback te geven. Zij hebben er mede voor gezorgd dat een warrig manuscript omgevormd werd tot een vlot leesbaar en inspirerend boek.

Iedereen die deel uitmaakt van het eerste Book Launch Team.
De eerste 100 mensen die het afgewerkte boek in handen kregen, waren het onnavolgbare Book Launch Team. Zij hebben mij onuitputtelijk geholpen om Get Real bekend te maken bij zoveel mogelijk toekomstige lezers. Zonder hen had jij misschien wel nooit over dit boek gehoord.

Sara Reyniers.
De meest onzelfzuchtige muggenzifter die ik ken. Uit liefde voor dit boek en tot diep in de nacht heeft Sara kleine en grote spelfouten, grammaticale onjuistheden en verkeerd woordgebruik uit de tekst gehaald. Zonder haar zou dit boek vernietigende commentaar gekregen hebben van iedereen die het Groot Dictee der Nederlandse Taal genegen is.

Alle mensen vermeld in dit boek.
Zij waren een belangrijke sleutel in mijn transitie van slaaf naar surfster.

Iedereen die mij de voorbije jaren door dik en dun gesteund hebben. Vrienden, familie, de Zeker Van Haar Zaak crew, klanten en in het bijzonder mijn mama, die mij opgevoed heeft tot de vrouw die ik vandaag ben.

www.ingramcontent.com/pod-product-compliance
Lightning Source LLC
Chambersburg PA
CBHW041203150726
48006CB00016B/2090